CATALYST

GESTIÓN DEL CAMBIO
Y TRANSFORMACIÓN

Copyright 2018 Julio Zelaya

TODOS LOS DERECHOS RESERVADOS. El contenido de este libro está protegido bajo las leyes y tratados internacionales y federales de derecho de autor. Está prohibida cualquier reimpresión no autorizada o uso de este material. Ninguna parte de este libro podrá ser reproducida, ni transmitida de ninguna forma, ni por medio electrónico o mecánico, incluyendo fotocopias, grabaciones, o ningún sistema de almacenaje o de recuperación de datos, sin el permiso escrito del autor/casa editora.

ISBN-13: 9781719361163

ISBN-10: 1719361169

Carolina Aguilar
Diseño de portada

Juan Diego Vela
Fotografía de portada

Ana Chew
Retrato de Julio Zelaya

Stephanie Hernández
Ilustraciones

Elmer García
Traducción al inglés

Omar Martinez
Diseño y diagramación

"Los personajes y hechos retratados en esta obra son completamente ficticios. Cualquier parecido con personas verdaderas, vivas o muertas, o con hechos reales es pura coincidencia".

A Juani y Nati.

Ellos son mis motores
y mayor inspiración
durante los procesos de transformación.
Su amor es la energía que me llena.
¡Los amo con todo mi corazón,
por siempre!

Índice

Antes 33
Ser descubierto 33
Contratar al gurú. 36
NYC. 37
El gran día 38
Ciclo destructivo 39
Nueva sociedad. 40
Cambio 43
La propuesta 47
La venta 48
La visa 49
Directiva personal 50
Última conversación. 52
Silicon Valley 54
Lanzamiento 55
Frutos agridulces. 57
Lazos internacionales 58

Transform 59
    Taller inicial: ¿Por qué cuesta tanto cambiar? 63
    RH: ¿Qué implicaciones tendrá el cambio?. 66
    No es lo mismo querer el cambio a tener que hacerlo. . 67
    Personas clave 68
    El lanzamiento 74
    La formación 76
    El manejo de la resistencia y de las emociones 77
    El ciclo de William Bridges 79
        Etapa 1: Asimilación. 80
        Etapa 2: Aceptación 82
        Etapa 3: Consolidación y apoyo. 84
    Todo depende de la interpretación 88
    La ejecución. 89
Disney 90

Durante 93
La noticia 93
Posturas. 97
El retiro espiritual 98
El jinete sobre el elefante. 102
    Dirige al jinete. 103
    Mueve al elefante. 104
    Cambia el sistema 105

Catalyst 106
Las decisiones .109
El plan maestro. 110
Su manada 115
Qué te llena, qué te vacía. 116
Ser fiel 117
GIC. 117
Detractores y promotores 119
El entierro. 121
Nuevos paradigmas 122

Después 127
La vida es bella 127
Comunicar y empoderar 130
Visualizar 131
Perdonarse 134
Ayudar. 136
Pequeñas celebraciones 137
Dentista 139
Realidad 140
Reestructuración. 144
38 años. 146

Epílogo. 149

Prólogo

"La **catálisis** es el proceso por el cual se aumenta o disminuye la velocidad de una reacción química, debido a la participación de una sustancia llamada **catalizador**.

Las sustancias que reducen la velocidad de la reacción son denominados «catalizadores negativos» o «inhibidores». A su vez, las sustancias que aumentan la actividad de los catalizadores son denominados «catalizadores positivos» o «promotores», y las que desactivan la catálisis son denominados **venenos catalíticos**".

apuntescientíficos.org 2018

Inhibidor

El niño de 9 años experimentó lo que sería su primera carie. El dolor punzante era insoportable. Al explicarle a sus padres, lo tranquilizaron: "¡Uff, qué suerte! Nuestro vecino es dentista". Una llamada de su papá fue suficiente para organizar su primera cita con un dentista. El vecino era un hombre de unos 70 años, de baja estatura, sin pelo, con profundos ojos azules. Paradójicamente, su propia dentadura era defectuosa. Sus dientes torcidos y amarillentos no eran precisamente buena referencia a su profesión. Cuando sonrió, sus colmillos grandes y filosos realmente intimidaron al niño que comenzó a sudar frío. La clínica tampoco ayudó mucho a calmar los nervios. Una habitación poco iluminada mostraba un ambiente descuidado. Paredes mohosas, revistas viejas sobre una mesita de madera despintada eran lo primero a la vista. Aunque eso no era nada frente a la silla reclinable que se veía al avanzar unos pasos. Tal vez lo más espeluznante que el niño había visto. Parecía una silla de tortura con una lámpara incandescente justo arriba y cinturones a la altura de los brazos, seguramente para evitar que la víctima huyera. El dentista sonrió o más bien intentó sonreír. Su bata percudida se notaba salpicada de algo que había sido rojo, pero que a fuerza de lavadas, eran gotas rosáceas. Luego de sentarlo y asegurarlo con los cinchos, el dentista se acomodó la mascarilla y sus ojos severos hablaban más que sus palabras que intentaban ser amables: "Haremos esto como lo hago con mis hijos, como los hombrecitos, sin anestesia". El dolor y el sonido del barreno al cortar sus dientes son recuerdos terroríficos.

Catalizador

El joven visitó al dentista la semana pasada. Al cruzar el umbral de la puerta, sus sentidos fueron bombardeados con estímulos agradables, colores cálidos, jazz sugestivo, aroma a hierbabuena. La recepcionista de sonrisa perfecta le dio la bienvenida y le ofreció un cómodo asiento para que esperara su turno. Al ingresar a la clínica donde sería sometido a un tratamiento de canales, algo nada sencillo, la luz rebotaba en paredes decoradas con buen gusto. Al sentarse en el sillón donde sería el procedimiento, sus ojos inmediatamente eran atraídos por la imagen de un hermoso paisaje tropical estratégicamente pintado en el techo. Justo después de que lo saludara el médico y le explicara lo que haría, le colocaron unos audífonos para que escuchara música a su elección y le aplicaron un anestésico local para que no sintiera la aguja con la que le inyectarían la anestesia. Su tratamiento tomó varias citas, lo que para él no fue problema en absoluto. Al contrario, al terminar, solicitó un blanqueamiento dental que sería el broche de oro para su salud bucal e imagen personal.

Inhibidor

El director financiero había prometido a la junta directiva una importante reducción en los costos fijos de la empresa. Su recomendación era tercerizar los procesos operativos a una multinacional que se dedicara exclusivamente a ello. Esto implicaba el despido de 40% de los colaboradores y que el resto se integrara a dicha multinacional. "El lunes empezamos los despidos", anunció a la directiva. En la noche, al llegar a casa, le comentó a su esposa los planes. "¿Qué harás para preparar a las personas?", preguntó ella, impresionada. "Nada, ellos están en la empresa para trabajar, la vida no es fácil", respondió él.

Catalizador

El director financiero veía la urgencia de reducir costos de operación, lo que implicaba despedir trabajadores y tercerizar procesos de producción. Era una situación difícil. Quedarse sin trabajo obviamente sería un golpe duro, además del proceso de adaptación para quienes se quedaran, ya que el apego a la compañía era grande, lo que siempre había significado identidad y fidelidad. Para algunos, esa empresa había sido el inicio de su vida laboral y no conocían otra. Así que preparó cuidadosamente su plan de comunicación. "Explicaremos detalladamente a las personas, pues merecen saber el qué, cómo y por qué", dijo a sus gerentes. "Luego, haremos un plan de *outplacement*[1], para apoyarlos. Finalmente, ejecutaremos un plan de aculturización, para facilitar la transición de las personas que se quedan".

---

[1] **Outplacement**, concepto de uso habitual en el ámbito de las empresas, más precisamente en recursos humanos. Procedimientos para asistir a un empleado que se queda sin su puesto de trabajo luego de una reestructuración.

Inhibidor

El padre de familia había recibido un importante bono por la venta de una de sus empresas. "¿Qué mejor premio para mi esposa que regalarle un vehículo?", pensó. En alguna ocasión, ella había mencionado que la nueva Audi Q5, color blanco, era simplemente espectacular. Se apresuró al concesionario y le contó sus planes al vendedor. ¡Sería una sorpresa genial! Sin decirle a ella, vendió el carro que usaba todos los días y con ese dinero pagó la prima del nuevo vehículo. Cuando estaba listo, le dijo: "Amor, necesito que me lleves a hacer un mandado. ¿Puedes manejar tú y llevarme?" Ella accedió. Cuando llegaron al lugar, una flamante Audi Q5 blanca, nueva, lucía una enorme moña roja. Ella la observó y dijo con un tono molesto: "¿Qué significa esto?" Él, tartamudeando: "Es... es... tu nuevo auto". Pero la reacción no fue la esperada, porque la voz de ella sonaba fría al preguntar: "¿Y qué hiciste con el mío?" Él y el confundido vendedor cruzaron miradas. "Lo vendí amor, pero... ¡Esta es una Audi nueva!" Ella se subió, revisó el baúl y dijo seriamente: "Mi carro anterior tenía mucho más espacio".

Catalizador

"Amor, quiero darte una sorpresa para la que me he preparado. ¿Me acompañarías ahora?", dijo el esposo muy entusiasmado. "¡Por supuesto, sabes que me gustan las sorpresas!", respondió ella. Condujeron juntos al concesionario de vehículos. "¿Qué significa esto?", preguntó ella. "Pues, que me gustaría que eligieras tu nuevo carro. Quisiera que seas tú quien lo decida. ¿Te parece? Ya he considerado los costos y no afectará la economía o estabilidad familiar". La sonrisa y abrazo de ella lo dijeron todo. El siguiente fin de semana, la familia iba rumbo a unas cascadas espectaculares en la camioneta nueva que ella había escogido. ¡Vivieron momentos memorables!

Inhibidor

El empresario regresaba de una gira de varios días en los que sumaba 40 vuelos. Había estado en 10 países y 16 ciudades. Su viaje de regreso incluyó dos vuelos por la mañana y dos vuelos por la tarde. Se sentía irritado, cansado, con ganas de tomar una larga ducha y simplemente dormir. Fantaseaba con un fin de semana en pijamas, viendo su serie favorita de televisión, tirado en el sofá. "¡Falta poco para llegar a casa!", pensaba. Cuando salió del aeropuerto, su esposa lo esperaba muy bella, vestida como para ir a una fiesta. Se abrazaron y besaron como dos novios que acababan de reencontrarse luego de años de ausencia. "Tengo muchas sorpresas preparadas para agradarlo. Sé que ha pasado días muy duros", pensaba ella.

—Estoy molido, quiero ir a casa, dormir y hacer nada.
—Pero, ¿y los niños, amor?
—Quizá si te los llevas con tus papás me ayudas mucho.
—Amor, pero ellos no te han visto y extrañan a su papá.
—Yo vengo de trabajar para que ellos continúen con su estilo de vida. Por favor, ayúdame.

Al llegar a casa, ella cambió su ropa preparada con esmero por unos pants, suspiró profundamente y pensó en cómo entretener a sus hijos. Estaba sola, aunque acompañada.

Catalizador

El ejecutivo había viajado sin cesar. Los aeropuertos eran como siempre, cansados. Largas filas para controles de seguridad y migración, las comidas de hotel y los vuelos, el agotador camino de aquí para allá con maletas. Sin embargo, le ilusionaba pensar en su familia. Sabía que lo habían extrañado y que ese fin de semana se trataría de ellos, no de él. "¿Cómo hago para recuperarme y llegar con energías?", pensaba. Tenía un ritual para lograrlo: al sentarse en el avión ponía sobre sus ojos un antifaz de lana que obstruía toda la luz, se colocaba sus audífonos con cancelación de sonido y escuchaba un *playlist* cuidadosamente seleccionado para relajarse. Cuando llegaba, lo primero que solía preguntar: "¿Qué aventura quieren que hagamos con papi este fin de semana?" Incluso cuando su cuerpo le pedía dormir, sabía que esos días eran para ellos. Su esposa lo recibía amorosa en el aeropuerto. "Me casé con el hombre perfecto; pareciera entender lo que todos necesitamos", solía decir a sus amistades y familia. "Si ella supiera lo que tuve que aprender", pensaba él.

Inhibidor

Luego de un mágico viaje a Disney en Estados Unidos, la familia había disfrutado momentos inolvidables. Mil sonrisas quedaron plasmadas en fotografías y videos. Una semana después, cuando el esposo regresó de viaje, su esposa lo recibió con unas frías y categóricas palabras: "Fui a terapia y ya no te amo. Quiero divorciarme." A los pocos días, la casa estaba vacía. Ella se había mudado a un apartamento, había despedido a la niñera que llevaba años compartiendo con sus hijos y había organizado los papeles de divorcio. El arreglo económico era muy claro y a su favor. Cada diálogo era frío, lleno de amenazas. Al comunicarle a los niños la noticia, ella se mostró impávida, inexpresiva. Ambos niños lloraban y el padre también, al ver que de un momento a otro, la familia se había desintegrado. Durante los siguientes dos años, la relación fue tensa, cada interacción era un problema. La familia extendida de ella, en su mayoría, tomó partido. Su suegra, incluso se dedicó a desprestigiar a quien alguna vez había llamado "su yerno predilecto". Cuando él recogía o dejaba a los niños, lo recibían en la recepción del edificio y la madre de sus hijos no volteaba ni para saludarlo. Los niños le preguntaban: "Papi, ¿por qué mami no puede estar en paz contigo?"

Catalizador

Después de dos décadas de matrimonio, ella no era feliz. Se sentía terriblemente manipulada y deseaba reiniciar su vida. Había tratado muchas alternativas, terapia, búsqueda espiritual, cursos y congresos de matrimonios. Nada parecía funcionar. Así que decidió conversarlo abiertamente en una cena. "Tú has sido el hombre más importante de mi vida y valoro profundamente lo que haces y has hecho por nuestra familia. No me siento feliz y quisiera considerar la posibilidad de vivir sola". A pesar de que él la amaba, al ver que ella estaba decidida y nada la haría cambiar de opinión, acordaron que, por el bien de sus dos hijos, tendrían una relación cordial, serían padres activos en las comunicaciones y siempre demostrarían respeto hacia el otro. En cada oportunidad, su trato era de profundo respeto y agradecimiento. Ella hablaba lo positivo que había hecho su ahora ex esposo, reconociendo lo responsable de su paternidad y apoyo, ya que podía disfrutar de una vida económicamente holgada gracias a que su ex pareja había aceptado todos los términos económicos que ella propuso. Él la reconocía con profundo respeto y amor por ser la madre de sus hijos, y la honraba en cada oportunidad que tenía. Enseñaba a sus hijos que las relaciones pueden terminar de una forma, pero siempre permanecen, ya que el cariño y la consideración se mantienen vivos.

Inhibidor

La madre había ahorrado por un tiempo y estaba lista para comprar su primer apartamento. Una mujer sola con dos hijos pequeños, sabía que la decisión de dónde vivir era importante. Buscó por semanas inspiración en pinterest para decorar sus habitaciones. ¡Sería una linda sorpresa! Pasó tiempo trabajando en su proyecto de alta confidencialidad. Sus hijos no sabían qué tramaba su mamá. Llegaron a pensar que quizá ya tenía novio, pues había cambiado radicalmente sus rutinas. Finalmente, cuando todo estuvo listo, ella los recogió en el colegio y los llevó al apartamento nuevo. "¿A dónde vamos mami?", preguntaron desconcertados cuando notaron que ella no tomaba la ruta habitual. "Es una sorpresa, mis amores", aseguró con una sonrisa pícara. Entraron al nuevo hogar que la madre había preparado con todo cariño. Sus hijos no se sorprendieron mucho. Sus comentarios eran de desconcierto. "Mami, ¿viviremos acá para siempre o unos días?" "Me gusta más donde vivimos, mami". "¿Nos tenemos que mudar ya o podemos quedarnos unos días más en el apartamento de siempre?"

Catalizador

La joven viuda sabía que debía iniciar de nuevo. No fue fácil quedarse sin nada de un momento a otro. En el pequeño cuarto de la casa de sus padres que ahora compartía con sus hijos, visualizaba sus sueños. Hizo un pictograma con fotos de ella con sus dos pequeños amores. "Dios nos devolverá todo, ya verán", solía decirles. Juntos habían elegido cada foto, cada sueño, todo lo que anhelaban: desde el estilo del nuevo hogar que comprarían, hasta su mascota. Ella sabía que en ese momento todo era imposible. Sus deudas eran inmensas y sus ingresos no alcanzaban. Sin embargo, pensaba: "Soñaré con ellos y veré lo que deseo, no lo que tengo". Fueron a ver casas, se tomaron fotos juntos. "¿Cómo les gustaría que decoráramos sus habitaciones?", preguntaba a menudo. Ellos enumeraban cosas y detalles que a veces eran fantasiosos. "¡Quiero bañarme bajo las estrellas!", decía el hijo mayor. "¡Quiero tener un cuarto para zapatos!", decía la menor. Pasaron dos años y cada vez se acercaba más el momento cuando finalmente verían terminada la casa que habían diseñado juntos. Sabían que la nueva etapa que vivirían sería mágica, pues ellos habían escrito su propia historia.

Inhibidor

El joven ejecutivo volaba hacia Tegucigalpa. Había escuchado que el aeropuerto de Toncontín era el segundo más peligroso del mundo, por su corta longitud y porque era una zona montañosa donde soplaban fuertes vientos, así que la turbulencia era inevitable. Era de noche y la aeronave, un Embraer 190, se movía violentamente. El cinturón parecía no contener al ejecutivo, quien permanecía en silencio, casi llorando de miedo. No se escuchaba nada, solamente unas campanas que parecían ser del capitán señalizando algo al resto del equipo. "Ding, ding". Pero ninguna voz. "¿Qué significará esto en medio de tal turbulencia?", se preguntaba. "Voy a morir", fue su pensamiento. Se abrieron algunos de los compartimientos superiores. Cayeron maletas y utensilios. Se escuchaban gritos. Algunas personas oraban en voz alta. Otras lloraban. Fueron los quince minutos más largos que el ejecutivo había experimentado. La sensación al aterrizar fue de alivio; valoró su vida y quiso besar la tierra.

Catalizador

La gerente de la multinacional tenía una reunión en Mendoza, Argentina. Estaba nerviosa, pues debía cruzar la cordillera al volar desde Santiago de Chile. Sujetó su cinturón y en silencio hizo una oración. Su usual compostura no se vio afectada externamente. Leía alguna revista para intentar distraerse. Al llegar a altura de crucero, el capitán anunció: "Buenos días damas y caballeros, bienvenidos a su vuelo 390, con destino a Mendoza, Argentina. Les habla su capitán. Les informo que en 8 minutos pasaremos por una zona de turbulencia. No tienen nada de qué preocuparse. Sin embargo, experimentaremos 10 minutos de mucho movimiento. Les ruego sujetarse el cinturón y permanecer sentados. Agradezco mucho su preferencia y les garantizo que haremos lo posible por minimizar el movimiento". La turbulencia fue intensa, pero solo duró 5 minutos. Al aterrizar, ella se encontró con el piloto que también se dirigía a migración y comentaron el incidente. "Suelo decir el doble del tiempo estimado de turbulencia para que los pasajeros sientan que tardó menos. Me gusta comunicar lo que pasará porque manejamos mejor la ansiedad. Yo también he sido pasajero", le dijo él con una sonrisa. Ella agradeció que él haya sido el piloto de ese avión.

Inhibidor

Era viernes y se aproximaban las 5 de la tarde. Se había pedido los colaboradores que permanecieran en la oficina porque recibirían un importante anuncio. Cada uno fue citado a la oficina de los encargados de recursos humanos. A puerta cerrada, se escuchaban algunos lamentos y voces de discusión. De un momento otro, muchas personas, algunas con hasta 22 años de trabajar en la organización, se quedaban en la calle. "¿Qué voy hacer?", decían desconsoladas al darse cuenta de que su vida había cambiado de repente. "¿Por qué no dijeron nada?", cuestionaban unas, y también había quienes lloraban: "¿Cómo es posible que nunca dijeran que la situación era tan grave?" Todos los afectados pasarían, sin duda, uno de los peores fines de semana de su vida.

Catalizador

Era un lunes por la mañana y en la organización se había agendado una comunicación colectiva, seguida de diversas reuniones individuales y grupales. El presidente de la empresa se presentó puntualmente, habló de forma serena y sincera. Explicó que la situación financiera de la empresa había tenido un impacto importante al perder una cuenta clave; también relató los esfuerzos que se habían hecho por encontrar alternativas para reestructurar la compañía. Agradeció a cada persona y dijo unas palabras que causaron silencio absoluto: "Debido a esta situación, es necesario recortar 20% del personal. Hemos estudiado detalladamente las posiciones y en vista de que los recortes se harán basados en el salario nominal, no en el desempeño o antigüedad del colaborador, hemos diseñado un programa de salida -*outplacement*-, que, en algunos casos, implicará darles la oportunidad de empleo en otra organización, y en otros casos, apoyarlos para encontrar trabajo o fundar su propia empresa, acompañados de un *coach* especializado". Finalmente, agradeció: "La compañía pagará el equivalente a tres meses de salario para que puedan colocarse en otra empresa. Agradecemos la confianza que han depositado en nuestra visión, por eso, aunque dar esta noticia es muy difícil, no podemos menos que ser transparentes con lo que está ocurriendo y ocurrirá". Posterior al anuncio, la persona encargada de recursos humanos, de pie junto al presidente, tomó la palabra. Explicó detalladamente los procesos que se avecinaban y también agradeció de corazón a los colaboradores por su fidelidad y trabajo esforzado.

Inhibidor

La empresa familiar latinoamericana, que ya había hecho la transición hacia la tercera generación, preparaba la comunicación oficial para anunciar que una multinacional alemana los había adquirido. Los colaboradores sacaban conjeturas sobre cómo sería trabajar para líderes alemanes. Las palabras "fríos", "inflexibles", "duros", salían en los grupos focales. Ellos se identificaban como una cultura muy cercana y familiar. Incluso, en los momentos de descanso, se reunían a meditar en el jardín que conectaba las oficinas con la antigua casa familiar de los fundadores de la compañía. Allí, rodeada de bellos rosales, reposaba una imagen de la Virgen María, a quien veneraban. Un mes después de que la empresa alemana asumiera la gerencia, tomaron la decisión de remover la imagen del jardín. No lo comunicaron y los empleados, tristes y molestos, vieron confirmadas sus sospechas respecto a los alemanes de quienes ahora decían: "Ni creen en Dios".

Catalizador

El consultor asignado al proceso de cambio preguntó al equipo de transición de la empresa familiar, que había sido adquirida por una transnacional, cuál era la razón para remover a la Virgen del jardín. Ellos, sin darle mucha importancia, respondieron: "Ah, es parte de nuestro proyecto de construir un jardín inter-denominacional de culto y meditación. La acomodaremos en su nuevo nicho al terminar". "¿Cuándo piensan terminar?" "Estimamos que en dos años, pues no es prioridad por ahora". El consultor se apresuró a mostrarles los resultados de las encuestas y logró persuadirlos para que fuera uno de los proyectos de corto plazo, ya que influiría en los "resultados acelerados" que buscaban generar como resultado de la alianza. Terminaron la construcción el día 50 del cambio, justo a tiempo para lanzar la nueva cultura organizacional orientada a la inclusión. "¡Qué mal juzgamos a los alemanes. Después de todo, realmente son tan sensibles!", dijo uno de colaboradores en la entrevista que respondió.

¡Cambios, cambios! Te he relatado cambios con enormes contrastes respecto a la transición que se experimentó. ¿Cuál es la diferencia entre cambio y transición? Muchas veces, pensamos que son sinónimos, pero no, de hecho, descubrir la diferencia es la clave de todo el asunto.

El cambio es un evento, la transición es el proceso que vivimos a consecuencia de dicho evento que puede ser un dolor de muela, una linda novedad como estrenar casa o carro, o algo no tan agradable como un divorcio, la turbulencia en un avión o un despido. El cambio puede ser el mismo para muchas personas, pero hay enormes diferencias en cómo cada uno enfrenta la transición.

Este libro habla sobre la gestión del cambio. Sobre la forma en la que, como líderes, tenemos la posibilidad de mejorar una transición.

Como todo ser humano, mi vida ha sido un constante fluir de cambios y mucho de mi trabajo como asesor se enfoca en esto. Al reflexionar sobre el tema y compartir ideas con algunos amigos, descubrí una interesante analogía. Marie Curie explicaba la ciencia de una forma muy poderosa. Ella decía que teníamos miedo a aquello que no conocemos y usaba el ejemplo de la ansiedad que sentimos al entrar en una habitación oscura porque no sabemos lo que encontraremos dentro. Pero al encender la luz, descubrimos que no había nada que temer. Lo mismo sucede con los cambios. La incertidumbre nos genera tensión y solemos asumir lo peor, aunque pocas veces acertamos con las predicciones fatalistas.

Deseo ayudarte a iluminar la habitación para que seamos capaces de convertir los cambios en catalizadores para nuestra vida, es decir, que manejemos los procesos de transición de forma que se conviertan en experiencias que nos aporten beneficios.

El cambio siempre traerá resistencia. Estamos diseñados biológicamente para sobrevivir y ahorrar energía cerebral. Nuestro cerebro es el órgano que consume la mayor cantidad de calorías que ingerimos. Por ello, busca reglas heurísticas, rutinas repetitivas que le ayuden a ahorrar energía y ser eficiente, para enfocarse en cuestiones más significativas. Siempre nos cepillaremos los dientes de la misma forma, siempre nos pondremos primero el zapato derecho o izquierdo, según sea nuestra lateralidad, porque cualquier cambio amenazará el elaborado proceso biológico del cerebro. Somos "animales de costumbres".

Sin embargo, nuestro diseño es tan perfecto que incluye estrategias para asimilar el cambio y convertir eso nuevo en algo familiar para que ya no sea una amenaza. Aquello que reforcemos suficientemente, favorecerá el cambio permanente. Un artículo de Jane Wardle, del University College de Londres, publicado en *European Journal of Social Psychology*, afirma que necesitamos 66 días para convertir un nuevo objetivo o actividad en algo automático, de tal forma que no tengamos que utilizar la fuerza de voluntad. Seguramente escuchaste que eran 21 días, pero en realidad ese era el límite inferior del estudio. El promedio de personas lo lograron en 66 días. Así que una conducta consistente y repetitiva logra moldear el cerebro como una gota de agua perenne es capaz de moldear una roca.

He diseñado esta obra para que juntos descubramos que el cambio no necesariamente es una tortura.

Te invito a acompañarme a descubrir múltiples experiencias y útiles herramientas para tu vida y emprendimiento. Si te animas a explorar este libro conmigo, te garantizo que descubrirás nuevas rutas que te permitirán navegar por los mares del cambio. Incluso leer este libro será un cambio radicalmente positivo, un catalizador, por eso, lo planteo como una invitación. Si te enfrentas al contenido porque te lo han asignado o te sientes obligado, tu resistencia será exponencialmente más alta, ya que los humanos nos resistimos naturalmente a lo que percibimos como imposición.

Este libro se trata del viaje hacia la transformación.

"Lo único constante en la vida es el cambio", reflexionaba Heráclito hace más de 2,400 años. ¿Qué podría preocuparle en una época donde no tenía la multiplicidad de distractores que tenemos hoy?

Parece que ahora buscamos cómo hacer más y cómo ser menos. Vivimos la paradoja de la comunicación: estamos más conectados, pero más aislados que nunca. Tenemos acceso a más medicina, pero hemos contaminado nuestro ambiente y nuestro cuerpo de tal forma que los riesgos para la salud se han multiplicado exponencialmente. En general, como especie, vivimos una crisis existencial, pareciera que nos hace falta descubrir nuestro propósito y significado, lo cual está muy vinculado a la capacidad de cambiar y adaptarnos a nuevas situaciones.

Todo cambio, sin importar el evento que lo motiva: intencional, impuesto o fortuito, tiene potencial para transformarnos. Una misma situación puede catapultar a una persona y hundir a otra, de acuerdo al enfoque de cada quién. Recuerdo que cierta vez, alguien dijo: "Tu pequeña vida es el gran sueño de alguien más". Todo es cuestión de perspectiva y de nuestra habilidad para gestionar el cambio a nuestro favor.

Acompáñame a un viaje introspectivo para descubrir el tesoro que los cambios nos obsequian porque a nivel personal y organizacional, en los cambios anida el potencial para transformarnos en la mejor versión de nosotros mismos.

Con aprecio,

Julio Zelaya
República Dominicana, 7 de abril, 2018

Catalyst

Me doy cuenta que si fuera estable, prudente y estático, viviría en la muerte. Por consiguiente, acepto la confusión, la incertidumbre, el miedo y los altibajos emocionales, porque ese es el precio que estoy dispuesto a pagar por una vida fluida, perpleja y excitante.

Carl Rogers

—¡Amor, lo que necesito es ser descubierto! — decía David a su esposa, con quien compartía su vida desde hacia más de una década. —Si tan solo pudiéramos conseguir una especie de *casting* para que alguien internacional me descubriera, todo sería más fácil.
—Pero ¿cuánto puede costarte eso? — preguntaba ella, preocupada.
—No sé, pero creo que es lo que necesitamos… ¿Y si traemos al Dr. Wolby? Él es el número uno del mundo en esto y estoy seguro de que acepta venir si le mando un correo presentándome e invitándolo.
—Entiendo tu entusiasmo, amor, pero él no te conoce. ¿Por qué habría que decirte que sí?
—Pues el no ya lo tengo, lo peor que puede pasar es que me diga que sí. Probaré.

Él había soñado con escribir e impactar a personas con sus ideas desde que era niño. Sus padres habían sido buenos para alentar esos sueños, pues los cuentos que escribía eran tomados como obras de arte. "¡Léenos el siguiente!", le decían cuando David llegaba con sus relatos. Su primera "obra" había sido publicada a los 9 años, en un diario local, y él, al ver en sus manos impreso el cuento que escribió, creyó que podía lograr cualquier cosa.

A sus 33 años, había completado una exitosa carrera profesional. Había creado empresas y vendido una de ellas al empresario top 3 de la lista Forbes. Era conocido en la región como un referente en educación. También había acumulado una importante serie de fracasos, pues había quebrado compañías, lanzado un libro con pobres ventas que le había generado cuantiosas deudas y había batallado con sus propios demonios: una mente demasiado inquieta que frecuentemente no sabía tranquilizar. A veces, absorto en sus pensamientos, solían definirlo como "reflexivo", y otras veces, al manifestar su abrupto entusiasmo, lo etiquetaban como "impulsivo".

"Sé que nací para alcanzar grandes objetivos, puedo lograr cualquier cosa que me proponga", solía decir. Esa convicción lo había motivado, muchas veces, a tomar enormes riesgos. Algunos valieron la pena, otros no. De esa cuenta, podía hablar con propiedad sobre procesos de cambio que le habían generado ganancias y pérdidas.

David salió de la habitación con la alegría de quien tiene en sus manos una buena alternativa. Pasó viendo a sus dos pequeños hijos, plácidamente dormidos en sus habitaciones. "Estarán orgullosos de lo que su papá hará", pensó.

Ansioso, comenzó a escribir el correo. Buscó en su agenda tiempo disponible durante los próximos 5 meses y anotó la fecha. "Este será el día del evento", definió resuelto. Con la fecha clara, terminó de pulir la invitación. "Seguro que me cobrará más de US$50 mil", pensó con inquietud. Sin embargo, su instinto le decía que era importante. "Seré como un jugador de fútbol que va al Mundial con la selección de su país y es descubierto por el entrenador de un importante club", pensaba. "¡Bien valdrá la inversión!"

La invitación iba dirigida al Dr. Wolby, mundialmente conocido como el gurú de la gerencia moderna. "No tengo dinero ni para pagar sus bebidas del hotel, pero si acepta, sé que podré hacerlo realidad".

"Enviar"... y el correo se fue a su destinatario. Inmediatamente después, David oprimía la tecla "recibir" repetidas veces, como si estuviera esperando una respuesta instantánea. Subió energizado a su habitación.
—¡Invitación enviada, amor!
—¿Estás seguro de que es lo correcto? — preguntó ella con cierta angustia. Y tenía razón, ya que el porcentaje de aciertos de su esposo no lo respaldaban.
—Confía en mí, haré que esto funcione— fue la optimista respuesta que recibió.

Contratar al gurú

Muy temprano, la mañana siguiente, recibió un "ting" en su dispositivo electrónico. ¡El Dr. Wolby aceptaba su invitación! US$35 mil dólares por un día, US$60 mil por dos, fue su respuesta. Sin dudarlo, David le confirmó, aunque dos segundos después, recapacitó: "Debería hablarlo con mi esposa...", pero su entusiasmo se desbordó porque, en su mente, esta rápida respuesta era una confirmación al gran plan.

La fecha se había fijado para agosto. ¡Tanto por hacer! Faltaban 4 meses, pero el tiempo era corto para algo tan relevante. David estaba dispuesto a tirar la casa por la ventana, y anunciar el evento con bombos y platillos, pues era la oportunidad de su vida. Tendría que demostrar que era capaz de organizar algo de clase mundial. Tal como bien le había enseñado su padre, no se tienen 2 oportunidades para causar una primera buena impresión, así que sabía que este evento era todo o nada.

Con el ánimo que le caracterizaba, se zambulló de cabeza en la organización. Empezó a redactar todo: *press kit*, brochures, comunicados de prensa. Trabajaba horas y horas, sin parar. Sus dedos parecían lo de un pianista que tocaba su instrumento con pasión. "¡Esto será lo que cambie todo!", afirmaba constantemente.

Su esposa, visiblemente inquieta por las finanzas y con enormes dudas sobre el éxito de la estrategia, poco a poco se mostraba más irritada. David pensó que quizá un tiempo a solas, como pareja, podría aliviar la tensión. Pensó en sorprenderla con algo que ella siempre había querido, ir a Estados Unidos a un curso sobre cómo descubrir nuestro propósito. "¡Será nuestra aventura!", se decía en voz alta. Organizó todo lo que ella podría disfrutar: ir a Broadway para ver un show nada más y nada menos que con Tom Hanks. Armó el viaje y le entregó todo en un sobre.
—¡Graaaacias, amor! — exclamó Ella, súper entusiasmada, al tiempo que lo abrazaba y besaba.
—Ves que la empresa no es tan mala, amor. Nos paga los gustitos.
—No empieces— respondió ella, con una mirada penetrante.

NYC

El viaje a Nueva York fue memorable, marcado por contrastes. Por un lado, vio a su esposa esplendorosa, con una seguridad en sí misma que nunca había visto en otro contexto, como si algo que la aprisionaba se hubiera esfumado. La amaba y verla feliz, riendo a carcajadas era todo lo que anhelaba. Por un breve instante se sintió Superman, pues la había complacido. Escucharla decir muchas veces: "Gracias amor, este viaje ha sido lo máximo" era para él la gasolina que necesitaba.

Quería luchar por ella, y sus palabras de afirmación eran todo lo que él deseaba. No necesitaba multitudes, la necesitaba a ella. Por otro lado, verla cuestionar su identidad y decir: "No sé qué quiero en mi vida, es imposible que no tenga sueños o un propósito" mientras lloraba amargamente fueron momentos de mucha tristeza para él. "¿Cómo puedo apoyar a mi esposa para que se sienta plena y realizada?", pensaba. Por momentos, se sentía culpable porque ayudaba a muchos y no podía ayudar a la persona que más amaba.

Regresaron a su país con sentimientos encontrados. David no sabía evaluar el resultado neto del viaje. Había visto una versión de su esposa como nunca antes: feliz, decidida, segura. Pero también había visto la profundidad de una incomodidad que probablemente existía hace años. Era urgente enfrentar el tema y hacer cambios antes de que se desatara una crisis irreparable.

El gran día

¡La fecha del gran evento había llegado! Toda la preparación había valido la pena. Más de 500 personas asistieron al centro de convenciones. Altos ejecutivos, empresarios, académicos, estudiantes. Todos esperaban escuchar al gran Dr. Wolby, quien por primera vez llegaba al país. David también se preparaba para su conferencia. Tenía claro que este era el momento de brillar. Había contado con la ayuda plena e indiscutible de su esposa y saberla allí, entre la audiencia, lo motivaba.

El Dr. Wolby, luego del agradecimiento inicial dijo: "¿Dónde está el Dr. David?". Él, nerviosamente, corrió al escenario. Pensó que algo había fallado. "Ven, ¿están aquí tus padres? Suban". El padre de David se acercó y abrazó a su hijo. "¿Has visto la escena de la película *Beautiful Mind* en donde el profesor entrega su lapicero a quien considera que es su sucesor?", le preguntó. David asintió. De hecho, esa escena lo había inspirado profundamente. "Pues bueno, ha llegado el momento para mí", dijo Wolby, entregándole su hermosa Montblanc. "Ahora tienes la responsabilidad de multiplicar mi legado". El auditorio rompió en aplausos. David, visiblemente emocionado, buscó la mirada de su esposa. ¡Este era SU momento! Wolby comenzó con su disertación y David bajó del escenario para abrazar a su esposa y decirle al oído: "Todo estará bien".

Acompañando al famoso gurú estaba quien sería amigo y socio para David, Emerson DuOliveira, un carismático latinoamericano, *partner* global del Dr. Wolby. Ese fue el momento que unió su destino para muchos propósitos importantes.

El evento fue un rotundo éxito. El Dr. Wolby brilló y David también. Las evaluaciones fueron extraordinarias. "Siento que viene algo grande", insistía.

Ciclo destructivo

Este éxito fue dual para David, bueno y malo a la vez. La confianza que le dio verse al lado de un poderoso personaje de fama mundial lo impulsó, pero también provocó que tomara malas decisiones.

El año siguiente al evento estuvo marcado por riesgos precipitados. Parecía que David había olvidado la claridad que tuvo en el pasado. Dejó de cuidar la estabilidad de su esposa (él sabía lo que las deudas la alteraban) y se dejó absorber por los compromisos laborales.

—Estás trabajando demasiado.... te queremos a ti—le insistía ella. Él escuchaba, pero en realidad no cambiaba.
—Ya nos falta poco, confía en mí.

David tuvo que ir al cardiólogo muchas veces, incluso sin contarle a su esposa. Su presión arterial empezó a subir y los medicamentos parecían no hacer efecto. Con el éxito había iniciado un círculo destructivo que él no percibía.

Las deudas crecían y también la presión familiar, así que David comenzó a meditar sobre lo impensable: buscar socios. En el pasado no había tenido buenas experiencias al respecto, pues incluso con excelentes socios, la dinámica de un negocio como el suyo, tan dependiente de su fundador, provocaba que el potencial de conflicto fuera enorme. Sin darse cuenta, había iniciado el ciclo que Jim Collins describía en su libro "Por qué caen los grandes":

David se creía invencible. Había asumido riesgos enormes. Negaba estar tan endeudado. Decía cosas como: "A lo mejor me sale el proyecto millonario". Estaba, literalmente, a un paso de su propia muerte. Los indicadores de presión sanguínea eran claros.

Nueva sociedad

Buscó personas que pudieran tener dinero e interés en educación. Como él reconocía, el dinero era la variable prioritaria. Sus sueños eran valiosos y el obstáculo de las deudas a las que él mismo se había comprometido era grande y pesado.

A pesar de dudar un poco, David conversó sobre una posible sociedad con Saúl, alguien con quien había compartido diversos entrenamientos y charlas sociales. Sus conversaciones al respecto fueron superficiales. Ambos estaban urgidos, uno por obtener liquidez económica y otro por tener acceso a un hermético mundo que le gustaba: el de la educación ejecutiva dirigida al liderazgo de primer nivel de las organizaciones.

David se sentía profundamente agradecido por haber encontrado a una persona que confiara en él, incluso en medio de esa crisis que había provocado por la arrogancia de creerse invencible. Sin embargo, el agradecimiento rápidamente empezó a convertirse en incomodidad.

Los roces con su nuevo socio fueron inevitables desde el inicio. La forma de ver el mundo y el negocio en sí mismo eran diametralmente opuestos. Por supuesto que no había uno bueno y otro malo, simplemente, pensaban diferente.

A los pocos meses, David había llegado a despreciar la empresa que había fundado. Ya no quería hacer lo que amaba: enseñar y escribir. Sin darse cuenta, se había convertido en esclavo de su creación empresarial. Su carácter cambió, se mostraba irritable, poco tolerante, incluso colérico. Quienes lo conocían bien, se sorprendían de lo apagado que lucía su semblante.

"Debieron sepultar al muerto. Le colocaron una transfusión de sangre, pero ya era caso perdido", decía un consultor que revisaba la situación de la empresa que reflejaba las opuestas visiones de los socios, lo que resultaba en la combinación perfecta para el fracaso.

"Me he convertido en supervisor de mi socio", decía David a su esposa. Él, que respetaba mucho a sus clientes y cumplía al pie de la letra lo que ofrecía, discutía constantemente con Saúl por la falta de profesionalismo con la que solía actuar, ya que, con frecuencia, quedaba mal con lo que prometía.

—¿En qué momento volví a equivocarme para escoger socio.
—No son selecciones equivocadas, lo que pasó es que te precipitaste—, le aseguraba un amigo cercano. —Con la misma sinceridad que demostraste sobre tu necesidad de liquidez financiera, ahora exprésale tu incomodidad y urgencia de lograr acuerdos para sacar adelante el trabajo.

El consultor que contrató le dibujó un cuadro y le dijo: "No puedes ser rey y rico. Eventualmente deberás escoger. Quieres ser rey en tu negocio. Sabes claramente cuál es tu visión personal y deseas verla realizada. Si bien quieres rentabilizar tus negocios, el control de la visión es lo más importante para ti. Por lo tanto, no te convienen socios, a menos que estén dispuestos a confiarte la totalidad de la operación, lo que, evidentemente, no sucede ahora".

Ciclo destructivo
Nueva sociedad

		GANANCIAS FINANCIERAS	
		Muy por debajo del potencial	Cercano al potencial
CONTROL SOBRE LA COMPAÑÍA	Poco	FRACASO	RICO
	Completo	REY	EXCEPCIÓN

—¿Qué piensas, amor, de todo esto? — preguntó David a su esposa, esa noche al llegar a casa.
—El problema eres tú, no tu socio— fue la categórica respuesta—. Te metes a mucho y entusiasmas a los demás en una visión que luego no se cumple.

Estas palabras que Él escucharía de nuevo en el futuro, provocarían que tomara decisiones sobre su forma de hablar y de comportarse.
—No me has dicho nada positivo desde que todo esto empezó. Siempre me dices lo mal que está todo y me haces sentir la persona más incompetente del mundo. ¡Nunca te saco 100! ¡Nada es suficiente! — protestó.

David no había dimensionado una de las premisas más importantes del liderazgo: la responsabilidad que implica estar en la cima. Se sentía solo y por momentos dudaba de cuál era el siguiente paso.

La situación parecía cada vez más tensa en todos los ámbitos. ¿Qué decisiones debería tomar ahora? ¿Cómo se aseguraría de que fueran las correctas? Como si los tiempos se aceleraran, sucedieron varios eventos determinantes.

Cambio

Cierta vez que su socio incumplió lo acordado fue la ocasión que David aprovechó para plantear su punto de vista. Se encerró un tiempo en su estudio, meditó y decidió escribirle un correo. Leyó muchas veces antes de darle "enviar".

Estimado Saúl:

Me he tomado el tiempo suficiente para pensar en cómo escribir este correo para hacerlo de la forma correcta. Sinceramente te aprecio, y encontré, luego de una introspección profunda, la razón de ciertas cosas. Déjame empezar con una historia.

Uno de mis mentores es un hombre que empezó de cero, se pagó sus estudios de colegio al quedar huérfano de padre a los 8 años, y vivir con su madre, diagnosticada con Trastorno Bipolar. Se forjó su propio destino desde muy temprano, y a los 40 años era libre financieramente. Vivía de sus rentas, tenía unas 17 propiedades a su nombre. Un hombre sociable, carismático, con influencia y gracia. A donde va, recibe trato amable y la gente le tiende la mano. Sus habilidades intelectuales son más prácticas, es un hombre astuto, que sabe encontrar una ruta viable a los retos más apremiantes. John Maxwell escribió un libro titulado "El talento no es suficiente" y creo que es justamente lo que describe a este mentor del que te hablo.

Empezó a confiar demasiado en sus talentos naturales y a descuidar su enfoque. Poco a poco relajó su disciplina. Llegaba tarde a todo, primero unos minutos, luego horas. Siempre usaba su carisma para minimizar la situación y encontrar excusas. Usaba frases como: "No fue para tanto, no seas inflexible" … "Fue una contingencia mayor" … "Ni te imaginas lo que me pasó". Quizá una vez era creíble, pero lo volvió la norma. Solía decir que los detalles son todo para lograr la excelencia, pero empezó a descuidarlos. Las personas que le habían abierto puertas ahora se las cerraban porque perdió credibilidad. Incluso hacían bromas: "Llegará tarde a su propio funeral". Confiar demasiado en su gracia y buena estrella para salir de apuros hicieron que tomara riesgos no calculados, y sin darse cuenta, como nos sucede con los achaques de la edad, fue perdiéndolo todo. Sus contactos cercanos ya no lo admiraban. Sus clientes ya no le compraban. El carisma ya no era suficiente. Ser una buena persona ya no era la clave para el éxito.

Sus resultados disminuyeron, pero él, lejos de reconocerlo, empezó a buscar validación externa. Por ratos quería ser abogado para que le dijeran Licenciado. Comenzó a vivir de apariencias, aunque sabemos que es mejor estar bien que parecer que estás bien.

Perdió sus 17 casas, se escondía de los acreedores y seguía confiando en su carisma para lograr clemencia.

Fue hasta recientemente que vio sus errores, luego de casi 6 décadas y está viviendo ahora una nueva etapa, que nos da esperanza a todos.

Con tristeza veo esta historia como ejemplo de las cinco etapas de las que habla Collins:

- Arrogancia nacida del éxito...
- Búsqueda indisciplinada de más...
- Negación del riesgo y del peligro...
- Búsqueda de una salvación milagrosa...
- La irrelevancia.

Este patrón es más común de lo que parece, sobre todo en personas exitosas, etiquetadas como de alto potencial.

¿Sabes qué es lo triste? Que podría decirle estas cosas a mi mentor y él me diría: "Estás exagerando, no es para tanto", de la misma forma que minimizaría el hecho de quedar mal en una reunión de negocios.

Su caída fue una tragedia para mí, porque él era mi modelo, mi héroe y resultó que era tan humano como yo. Lo más doloroso fue ver que era fácil solucionar la situación, pero no hay peor ciego que el que no quiere ver y sabemos que el maestro llega cuando el alumno está listo para aprender. Admiro a mi mentor, y sufro al ver que dejó de poner en práctica sus propias enseñanzas. Me mata lentamente ver que tiene todo para ser grande, pero le hace falta humildad para reconocer que hay algo que puede aprender y corregir. Se refugia en excusas y desgasta a quienes genuinamente queremos verlo bien. ¿En qué se parece su caso a lo que hemos vivido en este tiempo?

Me duele encontrar tantas similitudes entre este caso y el tuyo. Tengo suficiente evidencia para atreverme a escribirte. Te he admirado mucho, has sido un amigo y un mentor, por eso deseo que hablemos de excelencia que se vea reflejada. No es cuestión de títulos, de cargos o de lo que los demás puedan pensar. Es cuestión de dar el ejemplo.

Tuve que reflexionar por qué me generaba tanto malestar tu impuntualidad, el desorden y la inconsistencia de tus actitudes. Creo que este correo te servirá para entenderlo porque lo escribo con aprecio.

Es difícil hablar de excelencia cuando...

... dejas a tus socios plantados a la hora que tú propusiste. Por favor, te pediría que no lo minimices o busques excusas.
... has perdido tres cursos del programa académico que iniciaste. Dos por desempeño y uno por ausencia. ¿Cómo le pido a los profesores o al equipo excelencia si mi socio y director no dan el ejemplo?
... no somos capaces de poner en orden cuestiones transaccionales del negocio. Aún no recibo respuesta de mi correo de hace unos días.

¿Cómo justifico esa conducta de mi socio, de un director? Sabemos que el qué y el porqué no son suficientes para salir adelante en un emprendimiento, ya que el cómo determina los resultados.

¿Recuerdas que tú me hablabas de estos temas cuando era yo quien debía superar mi desorden? Hoy, no dormiría tranquilo si no te hubiera escrito estas líneas. Eres muy talentoso, alguien que Dios quiere usar como catalizador para la vida de muchas personas, pero tener una causa poderosa no es suficiente. Debemos poner a trabajar los talentos. No es casualidad que estemos juntos. Tú escogerás cómo recibes estas líneas, yo puedo decirte que las escribo desde la paz, la amistad y la visión de largo plazo. Lo mismo le diría a mi esposa o a mis hijos en una situación similar.

En otro correo te hablaré de negocios, pero todo negocio es primero de personas.

Con aprecio,
David

Pasaron varios días sin respuesta. Dos semanas después, David recibió un parco: "Tenemos que hablar". Cuando llegó el momento, la reunión tenía un único objetivo: disolver la sociedad.

—No me siento cómodo con esto...es mejor que busquemos una salida amigable y que nos convenga.
—Tienes razón, busquemos soluciones—concluyó David, frente al nuevo cambio que debería enfrentar y que no era menor: disolver una sociedad de casi 3 años.

La propuesta

Como si la situación no fuera suficientemente compleja, David recibió un nuevo correo. Esta vez era de Emerson DuOliveira, el socio del Dr. Wolby: "¿Podemos hablar? Quisiera hacerte una propuesta que hemos conversado en la firma". Al llamarlo, escuchó:

"Deseamos ofrecerte una posición en la empresa con sede en Estados Unidos. Podemos empezar la firma desde EUA y puedes mudarte con tu familia a la brevedad. Haríamos lo necesario para que obtengas la visa H1B que se requiere".

Cuando David mencionó esta posibilidad a su esposa, ella se mostró absolutamente ilusionada.
—¡Me encanta! Podrás vivir tu llamado y nos enfocaremos en nosotros como familia. Me emociona la posibilidad de que en otro país podré encontrar por fin lo que realmente me apasiona.

Escuchar a su esposa le dio una razón más para luchar por esta nueva meta. Parecía ser justamente lo que necesitaban. Era un cambio radical que lucía como anillo al dedo. Vendería sus acciones a Saúl y se enfocaría en fortalecer la relación con su esposa. Ella se había mostrado cada vez más preocupada por la dinámica que vivía. Se percibía como el tercero en discordia dentro de la directiva y como administradora de la empresa.

Conversando sobre las opciones que tenían frente a ellos, todo parecía tomar cierto rumbo:

—Amor, sabes que trabajar con mi familia sería lo último que haría. Creo que hay cosas que inconscientemente hacemos y no quiero repetir patrones. Por eso me parece genial que tú formes parte de otra compañía y yo explore mis posibilidades. Creo que ya lo has notado, en mi familia somos un círculo cerrado. Quizá vivir en otro país nos servirá para enfocarnos en nuestra familia: tú, yo y los niños.

Él estuvo de acuerdo. Bastaba ver las fotos de navidad que ellos encargaban para darse cuenta del patrón: no había ningún cónyuge, nadie externo. Cualquiera que viera la fotografía pensaría que no había nadie casado, aún cuando estuvieran integradas las familias.

La venta

La decisión fue fácil de tomar. Venderían todo y se mudarían a Estados Unidos. Este se convirtió en el proyecto familiar. David y su esposa se tomaban fotos brindando con champagne en los vuelos de exploración que hacían a la ciudad donde residirían y las mandaban a sus familiares y amigos por WhatsApp. Se unieron mucho durante esta etapa.

La negociación de venta de la empresa se había cerrado satisfactoriamente. Lo siguiente era el proceso de transición. La noticia se haría pública en medios de comunicación. Entonces, prepararon los equipos de colaboradores que seguirían a David en el proyecto de Estados Unidos y los que permanecerían en la empresa con Saúl.

Se ejecutaron muchas acciones al mismo tiempo. Todos parecían estar sincronizados y enfocados en una misma visión: realizar la transición de mando y ayudar a David para consolidar el nuevo emprendimiento en Estados Unidos.

El entusiasmo de él, su esposa y de DuOliveira eran palpables. Era la nueva vida por la que tanto habían trabajado. "Por fin me descubrieron y valdrá la pena", concluía David.

La visa

Un lunes por la tarde se concluyó la venta de la empresa. Con el dinero finiquitaban deudas y en términos prácticos, la familia quedaba en cero. Empezarían en Estados Unidos, sin la carga económica del negocio anterior. Saúl y David estrecharon sus manos y se desearon éxito.

En casa todo fue celebración y brindaron por nuevos comienzos. Se encontraban en la etapa tan valorada de todo cambio, esa cuando se percibe paz por haber completado la tarea con éxito.

El martes, a las 7 am, sonó insistentemente el celular. Era una llamada de Estados Unidos.

—Aló, David, gracia a Dios que respondes, soy Marian, de la firma de abogados que está tramitando tu visa.
—¿Todo bien, licenciada?
—No vendas la empresa aún. Surgió un imprevisto— dijo notablemente preocupada.
—¿Cómo? ¿Qué pasó?
—No salió la visa H1B. El proceso pasó a lotería y no has sido favorecido. Habrá que esperar un año o más para intentarlo de nuevo.
—¡No puedo creerlo! ¿Es definitivo? —preguntó, sentándose en una silla como fulminado por un rayo.
—Sí, es algo que de ninguna forma podemos pelear legalmente. Lo siento.

Era la peor noticia que podía recibir. David colgó y se apresuró a buscar a su esposa que terminaba de arreglar a sus dos hijos para llevarlos al colegio.

—Amor, pasó algo...
—¡Cómo va a ser! ¡Esto es una burla! — gritó ella—Hablaremos luego que debo llevar a los niños al colegio. Piensa qué vamos a hacer por favor...Otra vez ilusionar a los demás con una visión que no se cumple— sentenció con un gesto que cambió de la sorpresa a la angustia y el enojo.

Al parecer todo lo que habían planeado no era el verdadero cambio, era solo el inicio de un proceso que duraría años y marcaría su verdadera travesía de transformación.

Directiva personal

David tenía un viaje la semana siguiente, uno que anhelaba cada año: la reunión con su junta directiva personal. Sus 24 mejores amigos, personas de diferentes países, con quienes rendía cuentas de su vida. "Esto es ideal para replantear el futuro", pensó. Le aseguró a su esposa que regresaría del viaje con ideas: "Por favor, confía en mí. Saldremos de esta". Ella había dejado de mostrarse entusiasta. La despedida fue fría, distante. Se había esfumado, de un momento a otro, el idílico paraíso que ambos habían construido.

Cuando llegó a su reunión, hubo un silencio absoluto al informarles que siempre no se mudaría a Estados Unidos y que se encontraba en una encrucijada. Era una de las peores épocas que había vivido y se sentía frustrado. Hablando con ellos dimensionó la situación: tenía un competidor nuevo, su anterior empresa, no tenía recursos económicos ni fuente inmediata de ingresos, aunque tampoco deudas. Lo único que tenía era un enorme sentimiento de culpabilidad por llevar a su familia a esa situación de incertidumbre e inseguridad. Solo le quedaba comenzar de nuevo.

Uno de sus amigos cercanos le dio una gran lección:

—¿Qué harías si no tuvieras miedo?
—Me dedicaría a lo que siempre me ha apasionado, ahora sin anclas.
—Ve y hazlo— sentenció su amigo.

Debía reconocer que su repentina pérdida de identidad era lo que más le preocupaba. Ya no era "el empresario, el presidente de..." Había regresado a ser simplemente David. Le avergonzaba sentirse así. "¿Cómo es posible que esté tan vacío como para convertirme en mi empresa, mi título y lo que hacía?", anotó en uno de sus diarios. Había hecho todo lo contrario a lo que enseñaba. "¿Cómo pude haberlo perdido todo por mis propias decisiones?"

Salió a caminar por los jardines del lugar y empezó a anotar. Sabía lo que siempre enseñaba sobre gestión de cambio, sabía que necesitaba responderse y responder a los involucrados tres preguntas.

Pregunta clave	Impacto en el proceso de cambio
¿Por qué debemos cambiar?	La habilidad para implementar cambios se incrementa cuando se presenta un caso contundente respecto al cambio deseado.
¿Qué debemos cambiar?	La habilidad para implementar cambios se incrementa cuando los resultados esperados de la ejecución son claros y contundentes.
¿Cómo lo haremos?	La habilidad para implementar cambios se incrementa cuando el proceso para hacer que las cosas sucedan es claro.

¿Por qué debemos cambiar?	No tengo alternativa. Lo perdí todo. Debo proveer a mi familia económicamente y debo proveerle estabilidad a mi esposa.
¿Qué debemos cambiar?	Debo formar una empresa que pueda darme resultados rápidos.
¿Cómo vamos a hacerlo?	Ahora que no tengo restricciones y puedo viajar ligero, sin costos fijos altos, no tengo socios. Puedo construir lo que siempre quise, ahora con la última tecnología disponible.

Trazó un plan con metas concretas de lo que haría en un año. Llamó entusiasmado a su esposa, quien, en definitiva, no compartía la misma certeza de que las cosas cambiarían. Tenía suficientes motivos para dudar, los recientes resultados le daban la razón.

Con plan en mano, regresaría a su país a fundar su nueva empresa. Lo aprendido en más de 10 años al formar de cero una empresa y venderla 2 veces sería el insumo de la nueva estructura, con todo lo que habría querido hacer diferente. "Todos podemos cambiar, y una segunda oportunidad en donde se aplica lo aprendido es una que tiene muchos elementos para ser exitosa".

Última conversación

Regresó a su país para celebrar el cumpleaños 84 de su abuelo. Solían conversar durante horas, reflexionando sobre mil temas, desde transaccionales hasta profundos y existenciales. Ese día, el abuelo le llevaba exactamente 50 años. Salieron al jardín. David le contó al abuelo sus múltiples dilemas y frente a los dramáticos cambios organizacionales, decidió hacerle una pregunta.

—Abuelo, si usted pudiera regresar a mi edad, ¿qué se diría como consecuencia de todos los aprendizajes que ahora tiene?

El abuelo, con su pragmatismo y sabiduría de siempre, respondió lo que David nombraría como las 4 premisas del abuelo que cuidadosamente anotó en su diario.

> ## Las 4 premisas del abuelo
>
> 1. La vida no es complicada. Nosotros la complicamos. Es una decisión vivir cada día intensamente.
>
> 2. Lo que hoy te preocupa mañana no te preocupará. El tiempo literalmente lo cambia todo.
>
> 3. Te arrepentirás más de las cosas que NO hiciste de las que SÍ hiciste. Nunca te quedes con la duda.
>
> 4. Escoge si quieres ser un bonsái o una ceiba. Los bonsáis son bellos, pero decorativos. Los siembran en un espacio confinado y tienen sus ramas y raíces cortadas sistemáticamente. Cumplen un propósito, pero es limitado. Las ceibas, sin embargo, crecen en extensas parcelas. Sus raíces necesitan estar extendidas y arraigadas. Reciben, por su enorme altura, rayos y ataques del viento. Sin embargo, dan vida a una enorme cantidad de especies. Son clave para su ecosistema. Son catalizadores. Tú escogerás si vives una vida "segura" o una de riesgos calculados que marque la diferencia para otros.

Poco se imaginaba David que esa sería la última conversación con su abuelo, quien murió una semana después, dejándole un poderoso legado de sabiduría que guiaría sus pasos para consolidar la nueva empresa y en general, el resto de su vida.

Eran múltiples los cambios que vivía; algunos más fuertes que otros. Su abuelo murió durmiendo, tranquilo, lo que ayudó a superar la pérdida. Era fácil decir que vivió plenamente. Se prometió que algún día inmortalizaría sus palabras y las compartiría con el mundo como un merecido homenaje.

Silicon Valley

Unas semanas después y con las premisas aprendidas, le dijo a su esposa que fueran a Silicon Valley a estudiar las empresas de más rápido crecimiento. Estudiarían detalladamente cómo funcionaban las organizaciones del futuro.

Su energía estaba al máximo. Estaba aprendiendo todo lo que podía, seguro de que aplicaría los principios rápidamente. Le emocionaba estar allí con su compañera: "Verás que todo esto tendrá sentido. Estaremos bien".

El viaje estuvo marcado por un evento sustantivo y negativo. Ambos, al ingresar a la cuenta de Skype de David para llamar a casa, habían visto que aparecía el efusivo saludo de una mujer. Aunque dicho mensaje era de mucho tiempo antes, trajo a la memoria la peor crisis matrimonial que habían enfrentado, 5 años atrás. Él había sido infiel, repitiendo el patrón que tanto había temido, el que destruyó el matrimonio de sus padres.

En esa época, con el deseo de resarcir y enmendar el terrible dolor que había causado a su esposa, había buscado toda la ayuda posible. Ambos pasaron por un proceso terapéutico que les habían recomendado en Estados Unidos, donde se hacía una confesión completa, seguida por una prueba de polígrafo. La ciudad donde enfrentaron dicho proceso nunca volvió a ser igual para ninguno de los dos, pues fue donde vieron cara a cara sus peores pesadillas y donde él tuvo que reconocer que había sido un farsante que lastimó al amor de su vida. ¿Cómo era posible hacer daño a quien tanto amaba? Debía haber alguna solución porque él no podría vivir sin ella.

Se descubrió utilizando todos los mecanismos de defensa que podía para evitar el dolor, pero se desarmaba al ver a su esposa luchando contra sus propios fantasmas: "Me heriste donde sabías que más me dolería". Él no sabía cómo reaccionar. Quería retroceder el tiempo, tener la oportunidad de hacer lo correcto, vivir con la lucidez y madurez que había adquirido, pero era imposible. ¡No tenía excusas! Había actuado de la forma más egoísta. Había cometido el peor de los errores.

A pesar de la intensa terapia que inició el proceso de cambio y mejora de ambos, 5 años después, él tenía la sensación de que continuaban tratando el síntoma y no la causa de la enfermedad. Habían regresado a ser una "familia Facebook" pero las heridas reales no habían sanado. Por supuesto que no era fácil. Ambos debían estar en control de múltiples papeles: empresarios, padres de familia, gerentes, líderes. Era como tener varias identidades. Así es la vida, a veces nos perdemos en tantos roles y toca tomarnos el tiempo para trabajar realmente en el crecimiento de nuestro verdadero yo con dudas, temores y ansiedades.

En ese momento, había recordado el poder que tiene la vulnerabilidad en los cambios permanentes. Ahora entendía, en carne propia, por qué las personas que habían experimentado dolor, como Nelson Mandela o José Mujica, podían ver la vida con otros ojos. Se despojaban de sus "haceres" y se convertían en "seres" humanos.

Aun cuando todo había sucedido años atrás y parecía que habían avanzado en un genuino proceso de perdón y de cambio que David reconocería como "el mayor regalo de su esposa", ese saludo rezagado en Skype pareció remover los cimientos de la pareja. El amor se ponía de nuevo en juego y lo que era un viaje para soñar juntos se opacó por la duda y la sospecha de ella: "¿Y si todo volvió a empezar?"

Terminaron el viaje unidos y el suceso pareció tener un impacto menor. En el desayuno del último día, ella le dijo: "Estoy aquí para ser tu compañera a largo plazo. Voy a luchar contigo por nosotros". Ese día conocieron Apple, la empresa que generaba más expectativa en David. Él se sentía emocionado por la visita y conmovido por la grandeza de corazón y amor generoso de su esposa. No le alcanzaría la vida para recompensarla. Se sentía seguro de que estaban construyendo un futuro.

Lanzamiento

Lanzar la nueva empresa fue un evento titánico. Implicó horas de esfuerzo, desvelos y un milimétrico plan que fue ejecutado a la perfección. La fecha de arranque de operaciones coincidía con la fecha de independencia de su país; lo planeó así para que fuera simbólico, como si en ese momento las personas también declararan su independencia de todo lo que podría limitar la mejor versión de sí mismas. El plan incluía presentar un libro de negocios y emprendimiento, su propia historia de transformación y de cómo una visa que no salió daba inicio a un hito en la vida de David, a la socialización de decenas de historias de éxito y una estructura novedosa, escalable, digna de una empresa de la nueva era tecnológica.

Con satisfacción, empezó a ver el plan en funcionamiento. Su libro se convirtió en *bestseller* en inglés y español; llegó a la posición número 1 en ventas en Amazon.com, lo que generó decenas de invitaciones a conferencias, proyectos de consultoría y asesorías.

Todo empezaba a marchar como lo había imaginado. Con esta nueva empresa firmó un acuerdo con la compañía del Dr. Wolby, por lo que se cumplía el plan original de la mudanza a EUA: una plataforma global para operar. La única diferencia es que lo haría desde su país.

Aun cuando todo parecía ser el inicio de una era de nuevos triunfos personales y profesionales, a David le impactó notar la creciente tristeza de su esposa. "¿Estaban peleando el día del lanzamiento?", preguntó inquieto alguien del equipo. "En el video, te ves feliz y ella triste, como si te observara decepcionada de algo".

Sus sospechas se confirmaron a los pocos meses, para el cumpleaños de ella.
—¡Vamos de viaje a celebrar donde quieras!
—Me parece, pero quiero ir sola.
—¿Y los niños?
—Quédatelos tú.

Ella se fue a celebrar su cumpleaños al extranjero y le mandó unas fotos de lo que había sido su fin de semana "soñado". Había pasado en pijama largo rato y había saltado sobre los lujosos colchones del hotel cinco estrellas que David le reservó.
—Me siento libre, en paz.
—Bueno...te extraño, pero me alegra verte feliz.

Frutos agridulces

Los meses pasaron rápidamente, inadvertidos. El avance en la ejecución de los planes de la empresa era exponencial. Con cada proyecto aumentaba la influencia mundial de David. Los medios digitales permitían que sus ideas llegaran a miles de personas. Sus libros empezaban a leerse en Asia, Europa y virtualmente en todos los países de Latinoamérica, desde donde le llegaban correos dándole las gracias por compartir su historia. Si bien David ya trabajaba internacionalmente y en proyectos de alta trascendencia, parecía que cada vez se le confiaban más retos de alto impacto. En ocasiones decía a su esposa: "¿Para qué me dará estas oportunidades Dios? ¿Cuál será el propósito?"

Viajó a Medio Oriente, donde participó en interesantes reuniones para aplicar todo lo aprendido y reflexionar sobre los retos globales. En ese viaje junto a su esposa, pudo ver una escena de triunfo: ambos brillaban. Ella conversaba con líderes globales sobre diversas iniciativas y él también. ¡Eran un dinámico equipo! Por la noche, al acostarse, conversaban:

—Hoy fue increíble. Estamos viviendo todo lo que soñamos. Conocer a tantas personas interesantes como resultado de nuestros negocios.
—Bueno, la gente quiere conocerte ti no a mí. A veces me canso de eso.
—Pero... ¿cómo dices eso si somos socios y estás a mi lado, como mi igual?

La visión de David sobre el avance de los proyectos parecía ser dramáticamente opuesta a la de su socia. Él no deseaba lastimarla, pero los momentos de mayor alegría por los triunfos cosechados parecían provocar en ella un efecto inesperado: mayor tristeza.

"Cada cabeza es un mundo", solía decir el padre de David cuando meditaba sobre los seres humanos y sus motivaciones. "Lo que es un tesoro para uno, podría ser basura para otro. Por eso, los cambios son individuales", decía.

Lazos internacionales

David empezó a crear fuertes lazos en El Caribe, donde cada día trabajaba más de la mano con quien llamaba su amigo, hermano y socio, Néstor Cabral.

Mencionar el nombre de Néstor era hablar de capacitación. Un joven emprendedor que, en su afán por convertirse en un gran profesional y encontrarse con la limitante de que en el país caribeño existían pocos lugares donde continuar con su preparación decidió iniciar su propio negocio, un proyecto que además de capacitar a otros, le permitía generar un ingreso extra.

Luego de graduarse de ingeniería industrial, partió a Holanda a realizar un postgrado y después fue a España para obtener una maestría. Regresó a su país, pero con un equipaje mucho más amplio, la chispa de conocimiento y el deseo de superación.

Y como todo joven inquieto, dio rienda suelta a su sueño. En 1996, organizó su primer seminario sobre investigación de mercados, proyecto que fue creciendo hasta convertirse en una empresa dedicada a la capacitación y formación empresarial.

"Mi empresa es un aliado estratégico que colabora con las organizaciones y profesionales en la consecución de sus objetivos, basándonos en las mejores y más novedosas prácticas globales de formación. Mantenemos alianzas y acuerdos de colaboración con prestigiosas firmas internacionales de consultoría y entidades académicas de primera línea", explicó Cabral con una mirada firme que revelaba la satisfacción del deber cumplido.

Cabral era afín a David en su deseo por trascender y compartían una visión de calidad y excelencia, orientada al servicio de los demás. Sus conversaciones cotidianas eran más allá del trabajo. Filosofaban sobre la vida, el legado que ambos esperaban dejar y sus proyectos personales y de vida.

Fue en una de estas conversaciones que Cabral le dijo: "Creo que harías un excelente trabajo en una reestructuración local. Estarán implementando el proyecto TRANSFORM y creo que tu experiencia sería ideal para ellos". La organización se preparaba, luego de más de 7 meses de trabajo, a presentar una nueva identidad corporativa y la creación de un holding multinacional, que encerraba 5 compañías.

Fue así como de una idea surgió un proyecto, en donde David podría vivir una de las experiencias que más le tocarían, no solamente por la calidad de personas que conocería, sino por el alineamiento a uno de los tiempos más retadores para él. Si había vivido cambios hasta el momento, "lo bueno se pondría mejor", dijo en broma años después.

Transform

El proyecto inició con una reunión con el presidente ejecutivo del nuevo grupo empresarial, el Sr. Moss, quien tenía una filosofía de vida y empresarial con la que David se sentía muy identificado. Cuando tuvo la oportunidad de conocerlo, sus palabras le resonaron profundamente:

Soy muy optimista. El mundo está lleno de oportunidades. Desde joven he tenido sueños y los he logrado. También he vivido muchas adversidades en todos los planos de la vida, y he salido hacia adelante y las he superado. Soy de los que piensan que quien crece en la adversidad, tiene el triunfo asegurado. Al final yo pienso que todo obra para bien, si la gente aprende de sus errores, alcanza grandes bendiciones. Puedes aprender de cualquier experiencia.

El Sr. Moss creía que es imperativo estar en una constante reinvención porque los mercados cambian y se vuelven más competitivos. "Lo único realmente constante es el cambio. El ser humano nace, crece, se desarrolla y muere. Si ya nació, pero no está creciendo ni desarrollándose, se está muriendo", expresaba.

Aún con el éxito que ya sustentaba, su humildad era parte de su trascendencia. Consideraba que la principal limitación de una empresa eran sus presidentes, "porque llegan a entender y a creer que ellos son los más inteligentes, que las empresas nunca son mejores que ellos, que todo el mundo tiene limitaciones".

Agregaba que "el secreto de una persona exitosa es que íntimamente está convencida de no ser la más inteligente y la que más sabe. Esa convicción lo motiva a buscar gente inteligente, que sabe más, experta en sus respectivas áreas para que ocurran cosas diferentes".

"Do one thing, and do it well, ese es el secreto del éxito. La gente que se diluye termina siendo como un pato, que vuela, nada y camina, pero no es verdaderamente bueno para nada. Nosotros hacemos software y lo hacemos bien, no tenemos interés en hacer otra cosa. Si la gente quiere otra cosa, pues lo entendemos, pero ofrecemos lo que sabemos hacer", aseguraba enfáticamente.

El Sr. Moss reconocía la labor de su equipo de trabajo: "Yo nunca en la vida hubiera podido hacer este esfuerzo de marketing porque no tengo el detalle que tiene Katherina Menes, que lideró todo el proyecto de cambio de imagen; nunca tendría toda la habilidad de ventas que tiene Carlos Delgadillo; ni la destreza en finanzas de Dieter Mendelav, ni sé de cultura de empresa como Anamare Wever, toda esa gente es mejor que yo y ese es el secreto, buscar gente mejor que tú y dejar que ellos hagan lo que saben hacer y que todo el mundo participe del éxito. Esa es nuestra línea".

En la primera reunión de cualquier proceso de transformación organizacional, David solía indicar que la clave sería el rol de los líderes.

—¿Qué esperas de nosotros en este proceso? — preguntó Moss.

David procedió a trazar en una hoja de rotafolio las recomendaciones:

¿Qué debe proveer un líder de cambio?

Visión: Definir cómo se verá el futuro.

Equilibrio: Promover el balance entre estabilidad y cambio.

Mercadeo y venta: Actuar como patrocinador para conseguir la aceptación y compromiso de las partes involucradas.

Compromiso: Mantener a los stakeholders críticos comprometidos e involucrados en el fortalecimiento.

Comunicación: Compartir hallazgos en todos los niveles y a todos los públicos.

Educación: Transferir habilidades, conocimiento y competencias.

Participación: Dar oportunidades y alternativas a todos.

Recursos: Suministrar los recursos requeridos en el momento justo.

Transición: Administrar el proceso de cambio.

Evaluación: Permanentemente evaluar y retar el status quo.

—Sabiendo esto, déjenme colocarles la "receta". Es muy diferente una receta a una fórmula, pues mientras que la última es exacta, la primera dependerá de la sazón personal. Sin embargo, los pasos de una receta deben respetarse—, enfatizó. —Aprendí de John Kotter, de Harvard estos pasos:

> Crear sentido de urgencia - explícame por qué debo cambiar y por qué debe ser ahora.
>
> Formar una coalición - involucra a las personas clave en el proceso.
>
> Crear visión para el cambio - provee una visión poderosa de cómo se verá el futuro.
>
> Comunicar la visión - compartir por todos los medios posibles la visión y el proceso.
>
> Eliminar los obstáculos - erradica los dolores inmediatos rápidamente.
>
> Asegurarse triunfos a corto plazo - provee de ganancias tangibles rápidamente.
>
> Construir sobre el cambio - sustenta otros cambios con el impulso que se va ganando.
>
> Anclar el cambio en la cultura de la empresa - asegúrate que el cambio no sea un evento, sino un proceso.

En la medida que sigamos el proceso, veremos grandes resultados.

Taller inicial: ¿Por qué cuesta tanto cambiar?

El arranque de la transformación incluía una serie de charlas de sensibilización en donde prepararía a Moss y su equipo en lo que tomaría varios meses de intenso trabajo.

David inició con preguntas:

- ¿Qué porcentaje de gente logra su peso ideal en Weight Watchers (organización para perder peso)? "¡Solamente 5%!".
- ¿Qué porcentaje de gente mantiene su peso ideal siempre? "¡Solo el 1%!".
- ¿Qué porcentaje de gente deja de fumar y nunca vuelve a comenzar? "Es 17% apenas".
- ¿Qué porcentaje de gente deja de fumar después de una crisis física grave (e.g. ataque al corazón)? "Para sorpresa mía es de apenas el 43%".
- ¿Qué porcentaje de esfuerzos de cambio (reorganización, reingeniería, etc.) son considerados como "exitosos"? Apenas el 25-30%.

—No quiero decepcionarlos, pero cambiar no es fácil. La buena noticia es que aprenderemos qué hace ese 25% que es exitoso en el proceso— afirmó con una sonrisa. —Como verán, la razón para cambiar es la base de todo. Si algo es un peligro de corto plazo (como morir) las personas tendrán mayor disposición para adaptarse rápidamente, en comparación a una oportunidad de largo plazo (como verse bien y mejorar la salud al bajar de peso).

—Tienes razón, a más distante el resultado, más retador es el proceso de cambio— reconoció uno de los participantes.

—¿Dónde estaría nuestro cambio en esta matriz? — preguntó David. —Dependiendo de dónde esté la percepción del cambio, así será la cantidad de trabajo que deberemos hacer para preparar a las personas.

El taller inicial:
¿Por qué cuesta tanto cambiar?

	Peligro	Oportunidad
Larg plazo	2	4
Corto plazo	1	3

—Creo que estamos en el cuadrante de la oportunidad a corto plazo—sugirió una joven que se veía muy interesada en el tema.

—Ahora veamos la variable eminentemente humana en el proceso. ¿Por qué pareciera tan difícil cambiar?

Con sus usuales ejemplos derivados de diversas disciplinas de la ciencia, David dibujó un diagrama que incluía tres elementos: un ratón, una nubecita y un chocolate. Estaba citando "El poder de los hábitos" de Charles Duhigg.

El bucle del hábito

—Todos actuamos por hábitos. Tal cual el ratón que escucha un "clic" de una señal visible o audible (la señal), y realiza una acción o rutina (mover una rueda) que lo lleva a una recompensa (un alimento que le gusta mucho).

—Mi recompensa sería un buen trozo de pie de manzana—bromeó alguien y todos rieron.

—Los estudios nos muestran cómo seguimos hábitos en forma automática. Reconocer una "M" amarilla (la señal) nos hace ir a buscar una gaseosa y unas papas fritas, para recibir la recompensa de sentir la sal de las papas y las burbujas de la gaseosa en el paladar. Entonces, ¿cómo cambiar? No podemos cambiar la señal, ni la recompensa. Por lo tanto, la clave está en la rutina. Debemos volvernos expertos en identificar los patrones.

Los participantes anotaron sus propios ejemplos en rotafolios:

- El alcohólico que observa una cantina (señal), va a una reunión de alcohólicos anónimos, AA, (la nueva rutina en lugar de ir a embriagarse) y recibe el gratificante premio de compartir socialmente, con amigos (la usual recompensa que solía tener al embriagarse).
- La persona que inicia la dieta que divisa una luminosa "M" amarilla mientras maneja, al sentir su paladar salivar, toma una bolsa de nueces (la nueva rutina en lugar de acercarse al autoservicio y comprar unas papas fritas) y recibe la satisfacción de comer un snack en el tráfico (la usual recompensa de la comida rápida).
- La madre que, al darse cuenta que sus hijos han hecho de la sala familiar un caos con los juguetes dispersos por todos lados (señal), escucha dos canciones que le energizan (la nueva rutina en lugar de gritar a sus hijos, colérica) y recibe el alivio de reconectarse a sus hijos (la usual recompensa de abrazar a sus hijos con la culpa de haberles gritado, ahora sin el sentimiento negativo).

"Cambia la rutina, pero identifica claramente del hábito", anotó David en un rotafolio.

RH: ¿Qué implicaciones tendrá el cambio?

En la siguiente sesión, David se reunió con el equipo de recursos humanos. Era un enérgico equipo de brillantes personas, que contaban con el reconocimiento de haber estructurado la empresa nombrada como uno de los mejores lugares para trabajar.

—Lo que usualmente inquieta del cambio es no tener claridad sobre lo que sucederá en el proceso de transición. Si podemos responder claramente a las personas lo que implicará, lo que verán tangiblemente diferente, podrán notar un aumento dramático del compromiso.

Explicó algunos ejemplos:

Implicaciones para el área de trabajo	Implicaciones para rol como líder	Implicaciones para cada cargo
¿Cuáles son las implicaciones generales del cambio para nuestra área de trabajo? ¿Qué será diferente en términos de resultados si trabajamos en función del cambio deseado?	¿Qué significa esto para mí en mi rol de líder? ¿Qué comportamientos o actitudes debo ajustar o desarrollar para liderar mi grupo en función del cambio deseado?	¿Qué significa esto para cada cargo o función? ¿Cuáles son los resultados que debo lograr respecto al cambio deseado? ¿Qué tipo de comportamientos pueden representar el cambio en mis tareas diarias, de ahora en adelante? (Ejemplos)

No es lo mismo *querer* el cambio a *tener* que hacerlo

David los invitaba a reflexionar sobre el cambio y cómo se parece a tomar un medicamento.

—No es lo mismo tener que tomarme una pastilla a querer tomarme una pastilla. ¿Por qué las industrias farmacéuticas invierten millones de dólares en hacer diferentes coberturas para las pastillas? Es simple, porque cada tipo de cobertura cumple un propósito. Por ejemplo, las cubiertas de azúcar y las de películas solubles en agua evitan que se perciba el sabor y olor de algún componente, y también protegen los componentes que son sensibles a la luz o a la oxidación.

Hay otro tipo de cubiertas que se disuelve más lentamente para evitar que se irrite la mucosa estomacal, y también están las cápsulas más duras que contienen gránulos que se liberan de forma pausada y sostenida. ¿Cómo empacaremos el cambio?

—De la forma más agradable posible— respondió un joven al final del salón.

—¡Exacto! Las pastillas con cobertura de azúcar son las que tienen sabor más desagradable si las mordiéramos, pero su efecto positivo en nosotros es innegable. De la misma forma debemos ver todo cambio o punto de inflexión en nuestra vida. Podemos percibirlo como una pastilla difícil de tragar, pero tenemos la capacidad de cambiar nuestra percepción y ponerle una cubierta que puede ser azucarada, de acción retardada que no dañe nuestro interior o una de acción prolongada. Ese es el primer paso.

—Pero en general, la gente se resiste porque no es cómodo cambiar.

—Por supuesto. Por eso, debemos encontrarle el gusto al proceso de cambio. Definir pronto los beneficios esperados, y trabajar fuertemente en ellos, con la energía que provee una visión claramente definida de cómo eventualmente se estará mejor.

Personas clave

—La clave del proceso está en conseguir que nos apoye una masa crítica de influenciadores. Las personas seguimos a otros para movernos a la acción.

—¿A qué te refieres? —preguntó el mismo joven al fondo del salón.

—Por ejemplo, ¿por qué será que aumentaron los suicidios exponencialmente con la popular serie de Netflix 13 *Reasons Why* que documenta un suicidio? Sin duda se debe al fenómeno de Werther— explicó mientras repartía la nota.

Fenómeno de Werther

Con este epónimo se conoce el aumento de los casos de suicidios que siguen a la aparición de historias sobre casos reales de suicidio en los periódicos y que se producen en áreas geográficamente próximas de distribución del medio. También se conoce como "efecto copycat", y es más probable que se produzca cuando el modelo es una persona célebre. Un caso histórico es la epidemia de suicidios que siguió a la muerte de Marilyn Monroe en 1962.

Su nombre hace referencia a la novela de Johann W. von Goethe titulada "Los sufrimientos del joven Werther" (1774), en la que se cuenta la historia de un joven que, luego de un desengaño amoroso, se dispara en la cabeza. La venta del libro se prohibió en varios lugares de Europa porque desencadenó una ola de suicidios en jóvenes que utilizaban el mismo método.

—Creo que ya te voy comprendiendo.

—Debemos involucrar a una masa crítica de personas de la organización. Siempre recomiendo que sea 20% del número de colaboradores, ya que diversos estudios, como el de Bass, indican que 20% del grupo es el que adopta los cambios rápidamente y suelen volverse los primeros "embajadores" positivos o negativos, según el grado de participación que les demos.

—¿Crees que es indispensable este paso?— preguntó uno de los directores, dubitativo. —No creo que seamos tan influenciables por el comportamiento de otros.

—Bueno, déjame darte tres ejemplos. Proyectó dos imágenes. La primera era del popular programa "El Chavo del Ocho"—. ¿Saben por qué se colocan risas pre grabadas? Las reacciones suelen contagiarse. Es más probable que riamos si hay más risas. El primer programa de televisión que incluyó risas grabadas fue "The Hank McCune Show", en 1950. El aporte se le atribuye al técnico Charles Douglass. Este recurso se generalizó rápidamente. Es por ello que los comediantes, los músicos profesionales y los políticos siempre tienen un grupo de personas entre la audiencia que aplauden, ríen o reaccionan visiblemente.

—¡Qué interesante!— afirmó una señora, evidentemente sorprendida.

—Existen cuatro tipos de personas que debemos identificar rápidamente— dijo mientras dibujaba unos cuadros y anotaba la clasificación.

TIPO DE INFLUENCIA EN EL PROCESO

	Negativa	Positiva
Alta	Muros	Catalizadores
Baja	Piedras	Viento a favor

INFLUENCIA

Muros: Tienen alta influencia sobre los demás, pero serán negativos en el proceso. Buscarán impedirlo a toda costa.

Piedras: Si bien son negativos, tienen poca influencia sobre los demás. Lastiman el proceso, pero no lo impiden.

Viento a favor: Si bien tienen un compromiso al cambio y aportan, su influencia es baja con respecto a las demás personas.

Catalizadores: Son quienes tienen alta influencia sobre los demás y es positiva. Su presencia se nota en los grupos y en los cambios, pues hacen que todo fluya.

Pero aunque existan muros y catalizadores en la empresa, no todos actúan igual. Habrá pasivos y activos. Un activo hablará, convencerá a los demás y buscará que su opinión mueva a otros a compartirla. Un pasivo se muestra reservado por lo que es difícil "leer" su postura. Serán más difíciles de descifrar.

—¿Podrías compartirnos otro ejemplo?

—Claro. Veamos esta imagen de un funeral donde hay personas contratadas para llorar. Una plañidera (del latín «plangere») era una mujer a quien se le pagaba por llorar en los funerales. Aparece en documentación iconográfica y documental histórica y en algunas culturas todavía se acostumbra.

—Yo espero que en mi funeral canten, no que lloren—bromeó la persona que pidió otro ejemplo.

—Es crucial que le demos retos específicos a los embajadores o multiplicadores que busquemos comprometer, para evitar el efecto espectador—aclaró mientras proyectaba un texto.

El estudio John Darley y Bibb Latané del fenómeno espectador

¿Por qué cuando ocurre un accidente nadie parece hacer nada para ayudar? ¿Por qué las personas simplemente observan?

La explicación de este fenómeno es que en grupo, los observadores asumen que otro intervendrá y todos se abstienen de hacerlo. La responsabilidad se diluye. La gente también puede asumir que habrá alguien mejor preparado para ayudar como un médico o policía, por lo que concluyen que su intervención sería innecesaria. Además, entra en juego el temor a ser avergonzados si intervienen y ser reemplazados por alguien con más habilidades si brindan una ayuda que no les han pedido. Los espectadores monitorean las reacciones de otras personas en una situación de emergencia para determinar si es necesario intervenir. Dado que los demás están haciendo exactamente lo mismo, la gente concluye de las reacciones de los demás que la ayuda es innecesaria, en lo que puede ser un ejemplo de ignorancia colectiva.

Es posible contrarrestar el efecto espectador dirigiéndose a una persona de la multitud en lugar de apelar a la gente en general.

Esto coloca toda la responsabilidad en un individuo, lo que sirve para superar la ignorancia colectiva, ya que al ver que alguien ayuda se toma conciencia de la situación.

—Debemos identificar claramente dónde está cada persona o grupos de personas en esta empresa. ¿A quiénes colocaríamos en cada cuadrante de esta matriz?— Todos comenzaron a escribir nombres en post-its y los pegaban en cada espacio. Estaba claro entonces, en qué grupo de personas había que tomar ciertas medidas de acción.

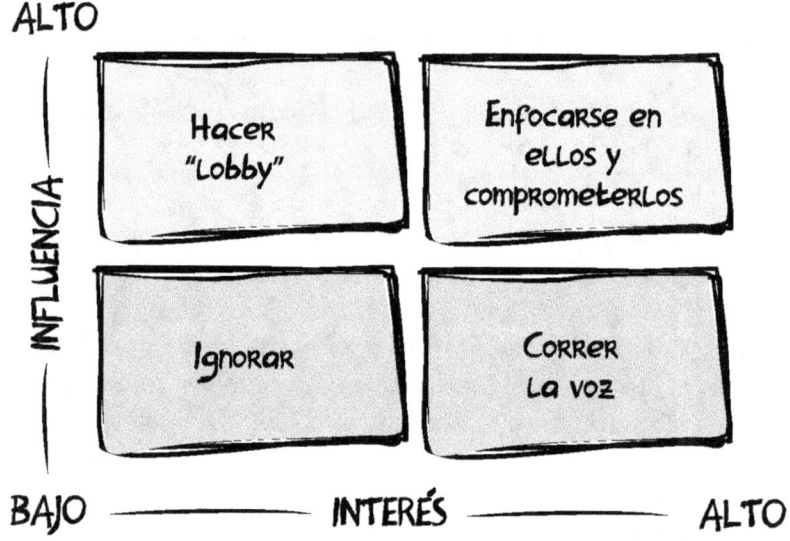

Fue así como seleccionaron a los "embajadores de cambio". 20% de los colaboradores que serían los primeros convocados para llevar el mensaje de transformación a los demás. Eran 300 personas en una compañía de 1,500 colaboradores.

David y el equipo trabajaron para definir el plan de cambio y lo que se convertiría en la guía para los embajadores. Esta guía contenía respuesta a la mayoría de inquietudes que podrían surgir. Ya tenían claro que la variable emocional era poderosa en estos procesos y que podía manejarse bien con una buena comunicación.

El lanzamiento

Los embajadores de cambio recibieron su guía y tuvieron oportunidad de estudiarla detalladamente. Su trabajo sería pensar, en conjunto, a qué se enfrentarían durante el proceso de avanzar en cada etapa como organización.

Herramienta: Guía de comunicación para multiplicadores / embajadores del cambio

1. Sección generalidades de la empresa:
   - Propósito (el por qué)
   - Visión (el qué)
   - Principios guía (el cómo)

2. Objetivo de la guía (¿Para qué sirve el documento?)

3. Explicación del cambio (¿Cuál es el cambio que se está viviendo o se va a experimentar?)

4. Importancia del cambio (¿Por qué es importante el cambio?)

5. Beneficios del cambio (¿Qué hay para los implicados?)

6. Lo que NO cambiará (¿Qué permanecerá igual?)

7. Lo que SÍ cambiará (¿Qué será diferente luego del cambio?)

8. Plan de acción 30/90/365 (¿Cuáles serán las acciones clave en 30 días, 90 días, 365 días?)

9. Actores del cambio (¿Quiénes participan en el proceso de cambio?)

10. Etapas clave - hitos del cambio (¿Cuáles son los momentos importantes del cambio y el panorama general de pasos que se seguirán?)

11. Preguntas frecuentes (¿Cuáles son las principales preguntas que deben responderse y las dudas que las personas podrían tener?)

12. Canal de comunicación adicional (¿A dónde se dirigen las preguntas adicionales?)

La formación

Durante la sesión de embajadores, los grupos se preparaban para presentar sus conclusiones. Uno de los grupos compartió su brillante disertación que contrastaba dos tipologías de personalidad. Hicieron un cartel muy llamativo y lo colocaron al centro:

Personas grises	Personas luminosas
Van desalentando los sueños de los demás, juzgan, humillan, mienten, quieren acomplejarte por lo que eres. Van por la vida con intención de restar, no de sumar. Dicen frases hirientes sin importarles cómo te hacen sentir. Hay muchas formas de anular a otra persona: desvalorizar todo lo que hace, ridiculizar sus sueños.	Son las "saca sonrisas", moderadas, pero comprometidas con las personas. Sin afán de protagonismo, terminan siendo relevantes en los rincones más íntimos de muchas almas a quienes ayudan con empatía y carácter. Transmiten paz.
Van apagando luces. ¿Los motivos? No están claros. En lugar de transformar su dolor en sanación, han elegido desalentar a los demás. No puedes ver su brillo ni su oscuridad, solo puedes notar el efecto nocivo que van dejando en ti. Dejan a su paso cadáveres emocionales que sintonizan con su "mala" energía.	No llevan a sus espaldas una mochila de reproches, juicios, comentarios hirientes o humillantes. Tienen sueños, se adaptan a su entorno sin dejar que las convenciones sociales los anulen. Desean que su vida sea de experiencias por recordar, no de sueños frustrados.

Personas grises	Personas luminosas
El mundo está lleno de personas nobles que vibran con la vida aún luego de sufrir. Se niegan a convertirse en algo que no son. Desgraciadamente, una persona con luz puede encontrarse con muchas personas grises que podrían eclipsarlo para fortalecer una cadena de negatividad que debemos evitar.	Si perciben que otra persona también lucha por lo mismo, no compiten o lo envidian, simplemente lo elegirán como compañero de viaje. Animan y apoyan a los demás porque se alegran del éxito de otros. No los mueve el miedo sino el amor.

¿Qué te mueve a ti? ¿El miedo o el amor?

Reflexionar sobre las emociones y cómo las personas reaccionan de diferente forma ante un mismo cambio fue muy ilustrativo para los grupos. Era momento de aprender que las emociones serían variadas en este proceso de cambio.

El manejo de la resistencia y de las emociones

—Por favor, lean los enunciados que aparecían entre comillas. ¿Alguno les suena conocido?

—¡Vaya! ¿Tienes cámaras escondidas o qué? ¡Justo son las expresiones que escuchamos!

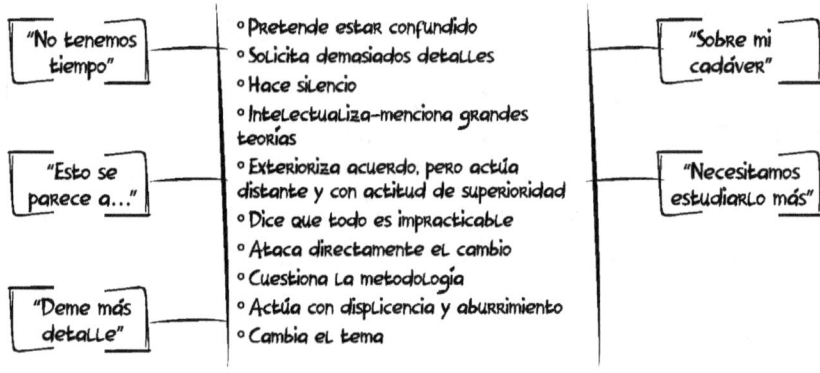

—Las personas se resisten al cambio por tres razones, pero básicamente el verdadero elemento catalizador que favorece un proceso es la actitud.

Actitud	Destreza	Conocimiento
No quiero hacerlo	No puedo hacerlo	No sé cómo hacerlo

El "no quiero" es lo que realmente debemos aprender a manejar porque es la resistencia más arraigada, la que se apega a las emociones, la más subjetiva, que apela a la esencia de la persona. Pero es posible superar una actitud visceralmente negativa, especialmente cuando guiamos a la persona a descubrir sus fortalezas que toman en cuenta una o las otras dos variables: puedo y sé de qué forma hacerlo.

Po ejemplo, si debemos introducir un nuevo software, seguramente encontraremos resistencia, pero al capacitar a los usuarios y acompañarlos en el proceso para que puedan utilizarlo porque saben cómo hacerlo, su actitud mejorará.

—Me parece que suena más sencillo de lo que realmente es, pero es un reto interesante probar todas estas teorías—aclaró la directora financiera.

El ciclo de William Bridges

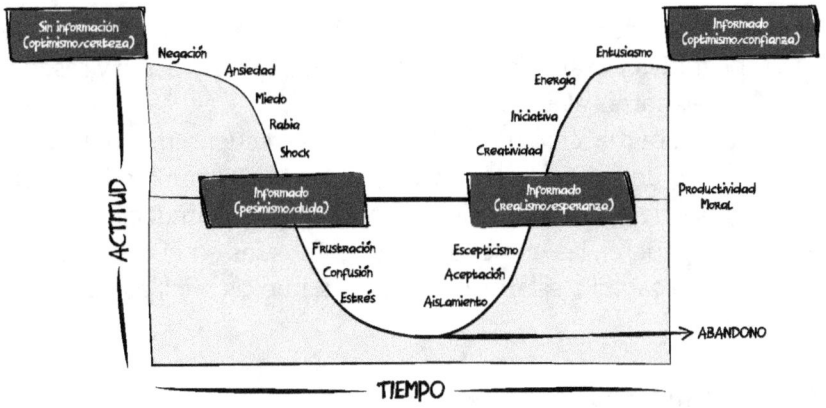

—Tiene razón. Justo por eso, es importante descubrir que el cambio es un ciclo bastante predecible. Si aprendemos a identificar los estadios del proceso, será más fácil influenciar positivamente a los protagonistas de la transición para que su resistencia se diluya.

Etapa 1: Asimilación

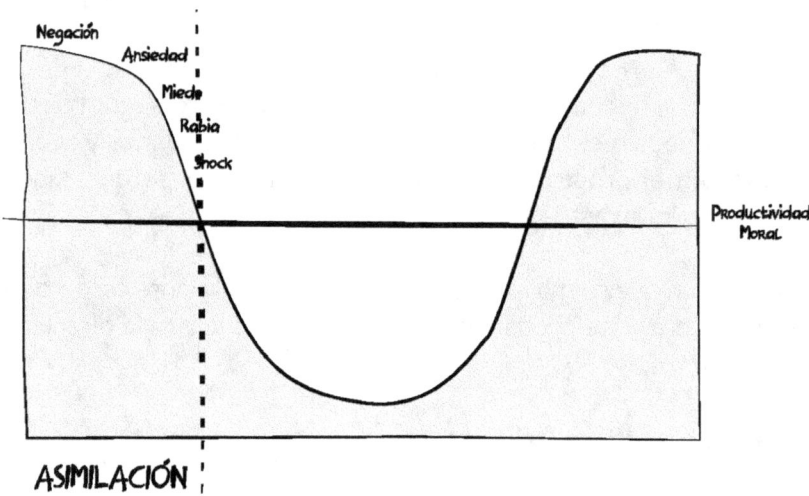

- Las personas sienten una gran variedad de emociones, desde expectativa y exaltación por el futuro hasta frustración y reserva por dejar atrás algo conocido.
- La primera reacción hacia el cambio es frecuentemente un sentimiento de incertidumbre y contradicción. El cambio hace que la gente deje atrás lo familiar, lo confortable y predecible.
- Por lo general, las personas están enfocadas en el impacto que traerá el cambio: salario, nuevos jefes, nuevas oficinas, estilo gerencial.

Comportamientos comunes

- Aumenta el ausentismo.
- Retiro de personal.
- El grado de compromiso en los grupos disminuye.
- Personal poco motivado.
- Sabotaje a las actividades y hasta agresión.
- Niveles inestables de productividad.
- Alteración de los hábitos, falta de sueño o apetito.
- Ansiedad por conseguir información.

Estrategias para superar esta etapa

1. Brindar información
   - Qué está cambiando y por qué
   - Qué efectos traerá
   - Quién será afectado y de qué forma

2. Mostrar qué está sucediendo

3. Tratar el pasado con respeto
   - Presenta las innovaciones como desarrollos que se construyeron en el pasado.
   - Recuerda el pasado por lo que se ha logrado, nunca hables mal de lo sucedido.

4. Anticipar y aceptar los nuevos comportamientos. Estar preparado para las reacciones en el clima organizacional

5. Reconocer abiertamente los comportamientos. Entender el clima organizacional y brindar las condiciones necesarias para que se tenga un ambiente más propicio para que el proceso de cambio sea exitoso.

6. No hablar acerca de las emociones individuales. Toda percepción que se tenga del ambiente de la organización se debe mencionar, por lo tanto, medir por medio de herramientas como el Test de Clima Organizacional de manera individual y confidencial.

7. Informar constantemente

8. Evidenciar el liderazgo para que se perciba fácilmente. El estilo de liderazgo es uno de los factores que más influencia tiene en el clima de la organización y es fundamental para que los procesos de cambio sean exitosos.

Etapa 2: Aceptación

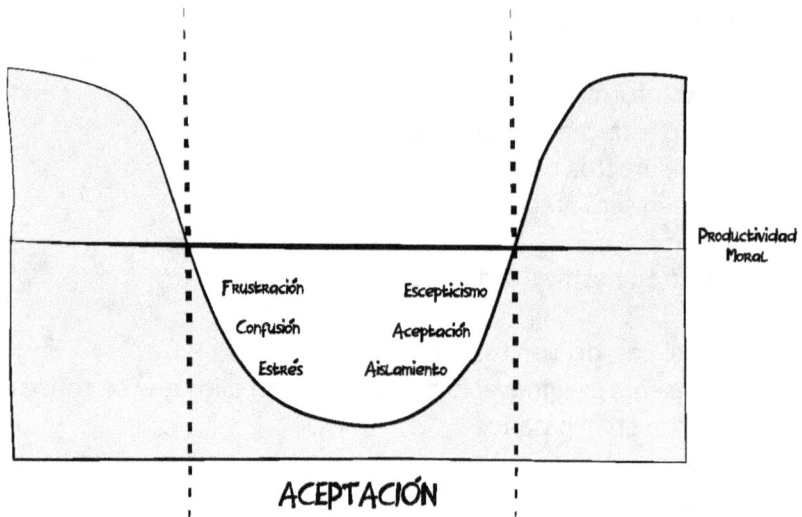

En esta etapa se dan muchas opciones para salir adelante, pero la resistencia al cambio puede llegar a su punto máximo. Hay una dualidad de comportamientos.

Comportamientos negativos
- Confusión respecto a la meta, hacia dónde se llegará.
- Incremento de los porcentajes de tardanzas y ausentismo.
- Sobrecarga de trabajo, al tratar de enfocarse en muchas cosas a la vez.
- Las prioridades no son del todo claras y se puede experimentar inseguridad respecto a las acción e ideas correctas.
- La información es malinterpretada, aumentan los rumores y chismes.

Comportamientos positivos
- Aumentan las ideas y sugerencias.
- Aumenta la percepción de oportunidades y posibilidades.
- Aumenta el deseo por experimentar nuevas cosas: tecnologías, funciones, responsabilidades.
- Inicia el aprendizaje de nuevas destrezas.

Estrategias para superar esta etapa

1. Direccionar: Defina prioridades y metas a cumplir en el corto plazo.

2. Proveer estructuras "temporales": Desarrollar procedimientos, implementar funciones y relaciones que funcionen durante el período de transición.

3. Crear un plan de acción para responder al cambio en los sitios de trabajo.

4. Motivar a las personas en cada etapa del proceso de cambio. Tener muy presente sus ideas y sugerencias.

5. Identificar destrezas y conocimientos requeridos para enfrentar el cambio y funcionar exitosamente en un entorno cambiante. Involucrar a las personas que son menos receptivas al cambio. Evitar que las personas comprometidas con el cambio se sobrecarguen con responsabilidades.

Etapa 3: Consolidación y apoyo

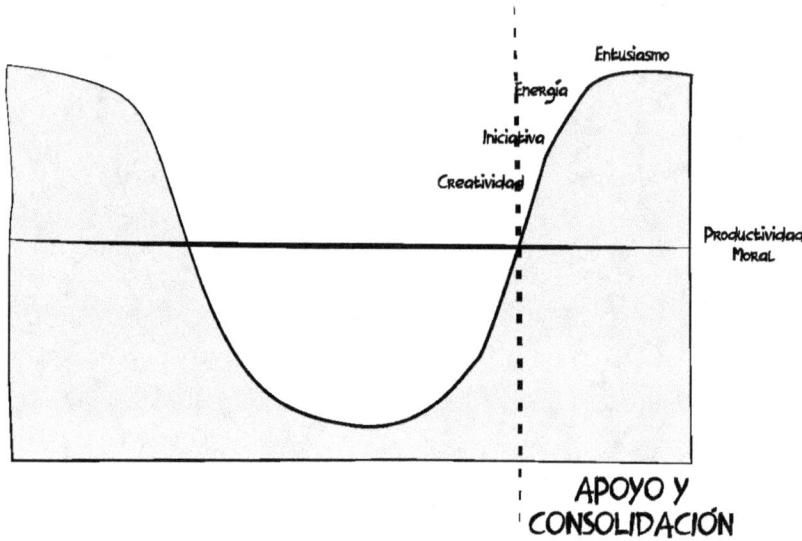

Esta etapa puede ser atemorizante para la mayoría. Los efectos del cambio son más claros y pueden ser alcanzables, pero aún existe la posibilidad de que los cambios no hayan funcionado o no luzcan exactamente como se esperaban.

También podrían escucharse comentarios:
- "Esto está realmente funcionando."
- "Deberíamos haber hecho esto desde mucho tiempo atrás."
- "Tengo una idea creativa que me gustaría probar."

Comportamientos
- Aumento del trabajo en equipo y cooperación.
- Trabajadores enfocados y productivos.
- Aumento de sugerencias creativas.
- Incremento en el aprendizaje y desarrollo de destrezas.
- Exaltación y respeto positivo por el cambio.

Estrategias para superar esta etapa

- Motivar a los líderes para que transmitan la visión y estrategias del negocio.
- Comprometer a las personas para que establezcan metas en su trabajo.
- Diseñar alternativas para que el éxito se alcance rápidamente.
- Proveer entrenamiento individual y a los equipos en nuevos valores, destrezas y comportamientos.
- Reconocer públicamente a los individuos y grupos que ayudaron a que el cambio sucediera.
- Monitorear el proceso y fortalecer el impulso por el cambio.

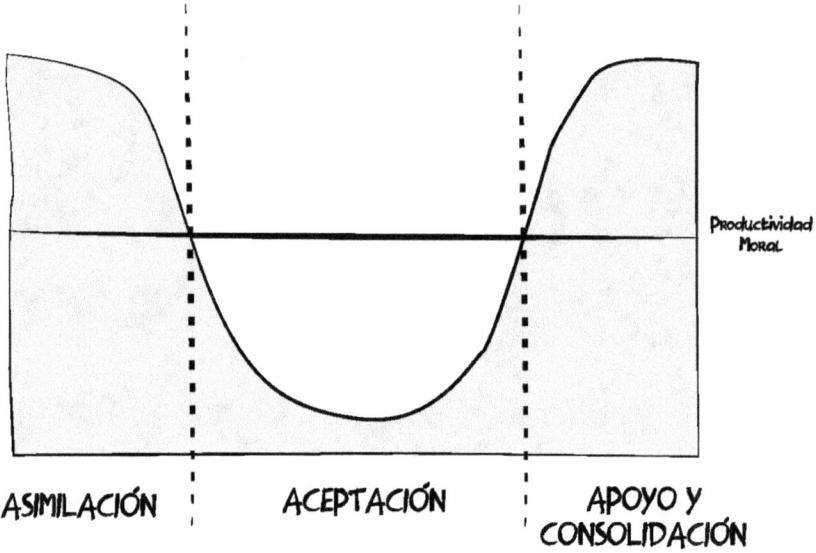

Tres puntos clave en las etapas de transición

- El proceso es personal y cada quien podría iniciarlo en cualquiera de los tres momentos.

- No todas las personas avanzan al mismo ritmo. Es como en una maratón; los atletas al frente inician cuando se da el banderazo de salida, pero los que están más atrás, avanzan cuando los de adelante comienzan a correr, aunque conforme pasa el tiempo, podrían incluso rebasar a muchos.

- Algunos pueden retroceder en las etapas. La ruta no siempre es hacia adelante ni fija para todo el mundo.

Consideremos

- Cada individuo tiene su propia reacción frente al cambio.

- El cambio requiere aceptación, energía y determinación para asumir riesgos, ya que es una lucha constante con las emociones.

- El cambio implica ingredientes de optimismo y de pesimismo.

- Adaptarse al cambio requiere tiempo.

- La gente pesimista o desconfiada debe cambiar radicalmente su actitud para salir lo más pronto posible de ese estado.

Todo depende de la interpretación

—Debo confesar que yo era uno de los más escépticos respecto al cambio que haremos en la empresa, pero durante estos días, definitivamente he cambiado de opinión, así que soy una prueba viviente de la efectividad del método y de los instrumentos que David nos ha enseñado. Ahora comprendo que el cambio no es bueno o malo en sí mismo, ya que depende de cómo decida interpretarlo. Ayer comentaba esto con mi esposa y ella recordó una historia que me parece muy ilustrativa de este tema de las perspectivas e interpretaciones. Si me permiten, quisiera compartírselas.

"Un granjero vivía en una pequeña y pobre aldea. Sus vecinos lo consideraban afortunado porque tenía un caballo con el que podía arar su campo. Un día, el caballo escapó a las montañas. Al enterarse, los vecinos acudieron a consolar al granjero por su pérdida. "Qué mala suerte", le decían. El granjero les respondía: "mala suerte, buena suerte, quién sabe".

Unos días más tarde, el caballo regresó trayendo consigo varios caballos salvajes. Los vecinos fueron a casa del granjero, esta vez a felicitarlo por su buena suerte. "Buena suerte, mala suerte, quién sabe", contestó el granjero.

El hijo del granjero intentó domar a uno de los caballos salvajes, pero se cayó y se rompió una pierna. Otra vez, los vecinos se lamentaban de la mala suerte del granjero y de nuevo el anciano granjero les contestó: "Buena suerte, mala suerte, quién sabe".

Días más tarde, aparecieron en el pueblo los oficiales de reclutamiento para llevarse a los jóvenes al ejército. El hijo del granjero fue rechazado por estar incapacitado. Los aldeanos, ¡cómo no!, comentaban la buena suerte del granjero y cómo no, el granjero les dijo: "Buena suerte, mala suerte, ¿quién sabe?"

Gracias, David, por enseñarnos a gestionar el cambio, a entender que todo es cuestión de la actitud con la enfrentemos las situaciones, porque siempre obrarán para bien si sabemos manejar las transiciones a nuestro favor.

Con más de 300 personas entrenadas y empoderadas con diversas herramientas, bien informadas con los elementos de la guía, David confiaba en que los cambios fluirían positivamente.

La ejecución

El día del lanzamiento había llegado. El meticuloso cronograma que había preparado la directora del proyecto y que habían comunicado por medio de los embajadores y el resto de canales de la organización se estaba cumpliendo a cabalidad. Se habían organizado eventos para compartir las novedades del proceso a los colaboradores, a los clientes y finalmente a los medios (en ese orden para ser coherentes con lo que siempre habían hablado respecto a que los colaboradores son lo más importante).

La conferencia de prensa fue un éxito. La campaña publicitaria iba viento en popa en el reto de mostrar la renovada imagen corporativa. ¡El nuevo grupo empresarial oficialmente había nacido!

Fueron meses de intenso trabajo. David iba y venía de su país al Caribe y cuando estaba lejos, llamaba todos los días a casa para compartir las experiencias y anécdotas con su esposa e hijos. Durante la última etapa, había estado fuera poco más de mes y medio, así que se sentía realmente ansioso de regresar con ellos.

—Amor, en dos días concluye el proyecto. ¿Qué te parece si nos vamos a Disney a disfrutar de unas merecidas vacaciones?

—¡Genial, amor! Para los niños será una hermosa sorpresa. Ellos te han extrañado.

Le entusiasmaba la idea de que estaba haciendo algo muy relevante, que impactaría a millones de personas, pero más le entusiasmaba saber que en breve podría estar en brazos de su esposa y de sus hijos. En cada taller había mostrado con orgullo, como solía hacerlo, sus fotos familiares. A pesar de sus errores y debilidades, él amaba a su familia.

—El proyecto Transform ha sido un éxito— anunció el Sr. Moss durante la celebración con todo el equipo. La nueva marca se volvió *trending topic* en las redes sociales.

—Doy gracias a todos por la oportunidad y la pasión con la que trabajaron. Ahora puedo decir que hemos cumplido con la misión. Estoy para servirles. Les dejo toda mi admiración—aseguró David emocionado.

Ahora podía reunirse con su familia, directamente en Orlando, donde los recogería en el aeropuerto. Ya a punto de subir al avión, recibió un inspirador correo del Sr. Moss: "Tu participación en el proyecto ha sido verdaderamente valiosa. Has sido un catalizador en el proceso. Lograste que todo fuera más fácil. Muchas gracias. Espero disfrutes tu tiempo en familia."

Con estas palabras, David confirmó la importancia del concepto del catalizador: el proceso de transición en cualquier cambio podía ser fácil o difícil, podía agregar o restar valor. Al final, cualquier cambio era un regalo que transformaba positiva o negativamente, todo dependía de agregar los ingredientes correctos que beneficiaran el proceso y los resultados serían extraordinarios, por muy complicado que fuera el cambio que se enfrentaba. Sin saberlo, David estaba a punto de experimentarlo en carne propia.

Disney

Las dos horas que duró el vuelo desde El Caribe hacia Orlando, Florida, parecieron eternas. Él moría por abrazar a su esposa y a sus hijos. Había ideado muchos detalles para ellos.

Preparó todo para que el viaje fuera una experiencia inolvidable y esperó a sus amados con unas flores en la mano. Divisó primero a sus hijos. Cada uno caminaba con un oso de peluche en los brazos y masticaban chicle para aliviar la incomodidad de los oídos durante vuelo. Finalmente, la vio a ella. Fue un encuentro emocionante, como cuando eran novios y coincidían un fin de semana durante el tiempo que ambos estudiaban su maestría en el extranjero. Se besaron largo rato, tanto que los niños tuvieron que interrumpirlos.

El viaje fue mágico. Se divirtieron disfrazándose cada día de diferentes personajes, jugaron en la playa, fueron a los parques de diversiones, hicieron días de campo. Como esposo y padre, David sentía que la vida no podía haber sido más generosa con él. Se sentía profundamente agradecido con Dios por darle a su bella esposa, a su entusiasta campeón y a su hermosa princesita.

Tomaron muchísimas fotos que capturaban el amor que solamente en familia puede experimentarse. Todo parecía estar perfecto: sus seres queridos, una empresa con cada vez mejores proyectos, la energía de sentirse saludable y la satisfacción de hacer lo que le apasionaba, impactar positivamente la vida de los demás.

DURANTE

La noticia

Como si David, un experto en cambio y transición, fuera a experimentar el episodio de un grotesco *reality show*, durante los siguientes meses vivió el mayor cambio de su existencia. Apenas dos semanas después del viaje a Disney, su esposa lo recogió en el aeropuerto, cuando él regresaba de otro viaje de asesoría organizacional a una empresa extranjera.

—Tenemos que hablar —dijo ella con un tono y gesto que alarmaron a David. Rápidamente hizo un exhaustivo inventario de qué podía estar sucediendo, pero incluso sus peores escenarios fueron conservadores frente a la noticia que le darían.

—¿Y los niños?— preguntó él al llegar a casa.
—Están con mi hermana, así podemos conversar en paz.
—Adelante...
—Esta semana aproveché a ir a terapia y me di cuenta de que ya no te amo. Quiero divorciarme. Ya no hay vuelta atrás. Pensé que si nos íbamos a Estados Unidos podría encontrar mi propósito y lo que me gusta, pero ni eso se dará. Entonces creo que es lo correcto. Probablemente tampoco te perdoné las cosas que pasaron. En realidad, no sé, pero el hecho es que quiero hacer mi vida sola.

Sin más, sintió como si un barranco se abriera bajo sus pies y cayera por ese abismo sin fin. David vio a su compañera con una combinación de todas las emociones. Recordó todo lo que había enseñado recientemente y se dio cuenta de que es mejor hablarlo que vivirlo. Experimentó, en un segundo, enojo, tristeza, miedo, desesperanza, odio, duda. Todas las emociones al mismo tiempo. No sabía qué estaba pasando y, aturdido, pasó de actuar como un animal herido, tratando de decir en voz alta que esto no podía ser así, que se arrepentiría, hasta llorar como un niño asustado.

Los momentos que siguieron se grabaron tal cual una película en cámara lenta en su memoria. "¿Cómo pudiste ser tan calculadora?", fue de las pocas cosas que pudo decir.

Sin quererlo, estaba actuando exactamente como los colaboradores de la empresa donde había estado que tomaban una opinión sesgada contra su líder, sin entender que para él tampoco es fácil el proceso de cambio.

No pudo más que sentirse confundido, con un profundo miedo y sin dimensionar la magnitud del cambio que acababa de vivir. Pensó que sería temporal, pero conforme los días pasaron, incluso llegó a concluir que probablemente ella había tomado esa decisión hacía años atrás. David salió de la casa, pues acordaron que se darían unos días para reflexionar y luego hablarle a los niños.

Los siguientes días fueron eternos. Como cuando se recibe la noticia de que alguien ha muerto y es como un eco que resuena en la mente en ondas. Había momentos en los que lloraba desconsolado, momentos cuando sentía paz al pensar: "Esto también pasará" y momentos en donde concluía: "Si se destruyó mi familia no me queda nada". Por primera vez, había sentido la magnitud de la desolación máxima. Él, siempre optimista, alegre y risueño, era una sombra, alguien que ya no le encontraba sentido a su existencia. Podía estar en cualquier evento y de pronto sus lágrimas no se detenían. "¿Cómo podré dedicarme a lo que me dedico si no quiero ni siquiera levantarme?", meditaba.

Estaba viviendo el proceso de cambio y transición más desgarrador:

En los siguientes días, hablaron con sus dos hijos. Ella hablaba seria, determinada, sin ninguna duda. El hijo mayor, la hija menor y David lloraban desconsolados. En ese momento, él validó la frase que había escuchado hasta la saciedad: "Solo se requiere que uno de los dos no desee seguir con el matrimonio para que ya no funcione".

David trató de controlar sus lágrimas, de mostrarse seguro para sus hijos, pero era imposible. Se sentía devastado, destruido como nunca antes. Los abrazó, los besó y les dijo: "Les prometo que saldremos bien de esto". Esas palabras fueron lo mejor que pudo decirles. Era una promesa, una visión y un compromiso. "Si esto es temporal, tengo que estar bien y si es permanente, debo estar bien", pensó.

Así iniciaba un proceso difícil, el que más lo transformaría y le probaría si lo que enseñaba no solo funcionaba sino que si era capaz de aplicarlo a su vida. A partir de ese momento no tendría dónde dormir, dónde vivir, ni el apoyo de su familia. Era como si estuviera enfrentando un nuevo nacimiento, como si despertara a una realidad paralela que lo sorprendía totalmente desarmado. No había palabras para describir las siguientes noches y días. David literalmente podría decir que conoció la devastación. Así de inmenso era su pesar.

Posturas

Ella, su esposa, se había convertido, de un instante a otro, en una enemiga, o más bien, parecía que él era un enemigo desde hace tiempo, pero no lo sabía. Como si ella siguiera instrucciones al pie de la letra, todas las acciones e interacciones de allí en adelante fueron cortantes, parcas, frías, inamovibles. ¿Era la misma persona? A veces era difícil asegurarlo. Hasta el semblante lucía diferente. David sabía de personalidades flexibles, él mismo era así, adaptable, permeable, pero el cambio en la mujer que amaba era tan radical que no podía explicarlo. ¿En qué momento cambió? Fue una transición rápida o tan lenta que no lo notó. ¡Cómo lamentaba no haber estado más pendiente, más alerta! Todo era su culpa. Seguramente hubiera podido anticiparse y evitar la tragedia que vivían.

Al poco tiempo, llegaron los papeles de divorcio. En la propuesta, David quedaba en una posición absolutamente vulnerable, pero él siempre había dicho que no pelearía por dinero, aunque incluso se quedaba sin dónde vivir. Durante dos meses, la habitación de un apart-hotel fue su casa, hasta que su hermano le dio posada. Sus únicas posesiones materiales eran sus maletas con ropa, libros y la computadora. Para cubrir las condiciones económicas de la separación, él debía hacerse cargo de varias deudas. Los niños estudiaban en un excelente colegio, y él no deseaba que ellos sufrieran por un cambio en su estilo de vida, así que se propuso hacer todo lo que fuera necesario para no afectarlos.

La magnitud del cambio fue tal que, de pronto, no tuvo dinero ni para cubrir sus propias necesidades básicas. Tuvo que prestar un vehículo de sus abuelos, uno que sus hijos bautizaron como "el cochecito", por pequeñito. Todo cambiaba en un instante, para bien o para mal. Lo que David creía sólido, inamovible, en realidad era una utopía. "Ahora es cuando probarás si como cantas bailas", le dijo un amigo cercano.

El retiro espiritual

La profunda confusión que experimentaba podía haberlo llevado a tomar decisiones equivocadas. Este era el mayor punto de inflexión de su vida, y sin duda, las pocas fuerzas que tenía debía enfocarlas hacia algo concreto y positivo. ¿Qué alimentaría? ¿El amor o el odio? ¿El camino de trascendencia o del egoísmo?

Un par de semanas después de que tuviera que salir de su casa, David hizo una de las más importantes llamadas en ese momento. Llamó a Manuel, su amigo jesuita, a quien pediría su casa de retiro para meditar y hablar con Dios. Esa primera decisión fue crucial, pues era el momento de máximo vulnerabilidad.

Manuel fue una pieza vital para él. Su apoyo incondicional, su amistad y su cariño lo sustentaron en los momentos más oscuros. De una frase que le dijo aprendió que las palabras eran poderosas, pero las obras son las que más claro expresan lo que deseamos comunicar.

—Manuel, debo hacer un plan para recuperar a mi familia. Voy a corregir todo lo que sea necesario. Voy a convertirme en la mejor versión de mí mismo, quiero ser como un regalo para mi esposa. Quiero demostrarle que la amo.
—David, que tu vida predique. Si es necesario, habla.
—Justo eso haré. Mira, estoy enumerando todo lo que a ella le gustaría que cambiara y lo haré.

Durante una semana se retiró a una montaña, situada en una región donde la sensación térmica llegaba a los 52 grados centígrados.

Cuando David enseñaba sobre cambio, solía hablar de dos disciplinas que todo líder debía hacer consistentemente. Un equilibrio entre dos ejercicios que él llamaba la visión de la montaña y de la playa, o *zoom out/zoom in*. Si observamos ejemplos como Jesús o Moisés, veremos que hay momentos cuando subían a un monte y momentos cuando se concentraban especialmente en "poner los pies en la tierra", viendo las situaciones muy de cerca, interactuando con las personas.

¿Cuál era la diferencia entre estos dos momentos? Ir a la montaña implicaba meditar, tomar distancia y perspectiva sobre un problema, apartarse, respirar profundamente y visualizar un enfoque más amplio, desde un ángulo más allá del asunto que le preocupaba y donde es posible apreciarlo como un elemento del gran panorama. Entonces, era posible bajar a "revisitar" la situación con una visión fresca. Parecía como si allí, en ese lugar elevado, se eliminaban los obstáculos que impedían ver con claridad.

Por otro lado, había momentos cuando era necesario ir a tocar la tierra descalzos. Pareciera que es el otro extremo, donde necesitamos "sentir" que estamos parados muy cerca del asunto y de quienes se relacionan con dicha cuestión, recordar nuestra naturaleza, no perder el enfoque de lo concreto. De esta forma se alcanza cierto equilibrio. Ver las situaciones desde lo alto, hacer *zoom out*, y luego enfocarlas a detalle, hacer *zoom in* es una buena forma de analizar cualquier cambio.

El principio de la montaña implica tomar perspectiva de la situación, separarse para una visualización más amplia. Literalmente, a veces significa "subir". David apreciaba mucho ese tiempo en los aviones, luego del despegue, cuando su ansiedad se reducía y podía sentir que tenía un tiempo para abstraerse de todo. Ver los retos a miles de pies de distancia lo movía a respirar hondo y ubicar cada situación en su lugar. Aunque quisiera seguir conectado con los pendientes, no podía, porque si bien ahora es posible mantenerse online desde el avión, prefería mantener su costumbre de "apagarse", dejar a un lado los correos electrónicos, mensajes de texto y llamadas telefónicas para analizar su situación sin las minucias.

El principio de la playa implica concentrarse en el momento que se vive. Poner los pies firmes en lo que sí tenemos, lo concreto, ese proyecto con todos sus detalles, esa situación a resolver atendiendo el paso a paso. Literalmente, significa "bajar", caminar, percibir lo más cerca posible el suelo y meditar sobre cada reto en particular, buscar soluciones para cada situación. Es reflexionar sobre lo individual, sobre lo que sí tenemos en el momento y lo que haremos con ello.

Había acudido literalmente a su propia montaña y playa. Se apartó durante cinco días del mundo para meditar, para encontrar su por qué, qué y cómo. Llorando, hablaba con Dios: "Por favor, sabes que no tengo ánimos de nada, que siento que mi vida dejó de tener sentido. No quiero vivir. Ayúdame a encontrar de nuevo el gozo."

Armado con un cuaderno, su Biblia y sus diarios donde había anotado toda su vida desde los 8 años, escribió en grande lo que definió que marcaría este tiempo. Venía del Salmo 37 de la Biblia.

[4] Deléitate en el Señor,
y él te concederá los deseos de tu corazón.
[5] Entrega al Señor todo lo que haces;
confía en él, y él te ayudará.

Saltó a una segunda porción, una que venía del Salmo 126:

¹ Cuando el Señor trajo a los desterrados de regreso a Jerusalén,[a]
¡fue como un sueño!
² Nos llenamos de risa
y cantamos de alegría.
Y las otras naciones dijeron:
«Cuántas maravillas ha hecho el Señor por ellos».
³ ¡Así es, el Señor ha hecho maravillas por nosotros!
¡Qué alegría!
⁴ Restaura nuestro bienestar, Señor,
como los arroyos renuevan el desierto.
⁵ Los que siembran con lágrimas
cosecharán con gritos de alegría.
⁶ Lloran al ir sembrando sus semillas,
pero regresan cantando cuando traen la cosecha.

Durante esos días, David pudo revisar todas sus notas, releer lo que habían sido años de vida de soltero, años de esposo, años de padre. Lloraba tanto de la felicidad de todo lo bueno que había vivido y a la vez sentía el terrible dolor de revivir los errores cometidos.

"¡Nunca saldré de esto!", se condenaba. Se sentía perdido, sin esperanza. Recordar las palabras de su esposa le causaban un dolor agudo en el corazón. Sentía ganas hasta de vomitar. Era demasiado. Y lo que más le dolía era pensar que ella también vivía ese proceso. Entonces, sentía incontenibles ganas de ir corriendo a buscarla, protegerla, rogarle que le diera otra oportunidad, que todo sería diferente, todo sería como ella quisiera. Y le escribía mucho.

Tal vez comenzaba a levantarse, pero al recordar palabras y actitudes, un fantasma lo invadía y derribaba. Todo se tornaba gris de repente. Como si se hubiera escrito cartas a sí mismo en el pasado, empezó a leer lo que había recopilado sobre el cambio. Tomó notas y revisitó lo que ahora estaba viviendo.

El jinete sobre el elefante

Sabía que debía intentar racionalizar sus emociones o estaría perdido en un círculo de depresión del que no podría salir y su familia lo necesitaba. ¿Qué modelos podrían servirle para entender el cambio? Uno de los más fáciles de aplicar por su simpleza es el modelo que se describe en *The Happiness Hypothesis* por Jonathan Haidt. Este modelo se ha popularizado gracias al éxito en ventas *Switch* de Dan y Chip Heath. En él, se describen tres componentes: un jinete, un elefante y un terreno.

Imagínalo, el jinete sobre el elefante, en un ambiente específico. El jinete es racional, objetivo, pero minúsculo comparado con el enorme elefante que avanza por el terreno, de acuerdo a la dirección del jinete. ¿Qué representa cada uno? El jinete es nuestra capacidad racional. Todo cambio necesita entenderse con el pensamiento. Sin embargo, como en nuestra ilustración, la parte racional (jinete) es menor en fuerza comparado con la parte emocional, que equivale al elefante. Finalmente, el entorno y los sistemas serán el terreno donde nos movemos. Usemos ejemplos para cada paso.

Dirige al jinete

Cuando Jerry Sternin llegó a Vietnam, en 1990, recibió una fría bienvenida. Trabajaba para Save the Children, la organización internacional de ayuda a la infancia, y el gobierno los había contratado para proponer soluciones frente a la desnutrición infantil crónica. Tenía seis meses de plazo para ofrecer opciones. Sternin viajó con su hijo de 10 años y su esposa por el país. Nadie hablaba inglés y tuvo que pasar por un proceso de adaptación a un ambiente que le resultaba hostil. Las evidencias revelaban que la malnutrición se debía a varios problemas: deficiencias sanitarias, pobreza y escasez de agua potable. Cuando analizamos un problema grande y complejo como el de Vietnam, buscamos una solución del tamaño del problema. Pero antes de pensar en todo lo que marcha mal, vale la pena buscar, racionalmente, lo que está funcionando bien. Eso fue lo que hizo Sternin.

Comenzó a preguntar a las madres si había en la comunidad niños muy pobres que estuvieran más sanos. Al escuchar un "Có, có, có", o "Sí, sí, sí", descubrió que en ciertas familias, había niños que comían cuatro veces al día, raciones pequeñas, pero más constantes; eran asistidos al comer (las mamás les daban de comer en la boca si era necesario); lo que comían era arroz mezclado con pequeños camaroncillos y cangrejos que eran abundantes en el campo, pero que algunos pensaban que no eran buenos para los niños. Además, les daban algunas legumbres que se consideraban de bajo contenido alimenticio. Sin embargo, esa combinación producía proteína, vitaminas y procesos metabólicos más equilibrados.

Sternin decía: "Conocimiento no equivale a cambio de comportamiento, pues hay psiquiatras desequilibrados, médicos obesos o consejeros matrimoniales divorciados". Por lo tanto, diseñó un programa de modelaje, donde las familias en grupos de 10 preparaban comida y atendían a familias mal nutridas. Las madres comenzaron a replicar lo positivo. Seis meses después, 65% de los niños de esa comunidad estaban mejor nutridos. Los cambios perduraron y trascendieron. Tal como a nivel individual nos recomiendan que nos enfoquemos en desarrollar nuestras fortalezas más que en superar nuestras debilidades, en tiempos de cambio, enfoquémonos en lo positivo. La fe y esperanza en que algo puede cambiar para bien es poderosa para dirigir la acción.

> ¿Qué hago?
>
> Revisitaré mi vida desde lo que ha funcionado. Recordaré mis triunfos y exploraré por qué he logrado lo bueno que he logrado. Haré una lista exhaustiva de mis fortalezas. Haré una autopsia del éxito, no del fracaso.

Mueve al elefante

¿Cómo haríamos para evitar la extinción de una especie única? Paul Butler, un estudiante de conservación en el Politécnico del noreste de Londres lo logró. Fue el loro de St. Lucía, un hermoso pájaro multicolor de cara turquesa, alas verdes y un escudo rojo en el pecho cuyo único hábitat natural es la isla de donde toma su nombre. Estaba al borde de la extinción, con únicamente 100 pájaros vivos en 1977. Butler promovió una emoción para fundamentar su plan de rescate. Desarrolló una campaña masiva que incluyó al pájaro como símbolo. Su mensaje clave fue "Cuidamos a los nuestros", con lo que reforzó el sentido de identidad y compromiso nacionalista, lo que motivó cambios, incluso legales. Butler fue nombrado ciudadano de la isla y su método se popularizó en el programa "Pride" (Orgullo).

¿Cómo mueves al elefante? Tres consejos:
1. Encuentra la emoción. Saber algo no es suficiente para cambiar. Haz que la gente sienta algo.
2. Empaca el cambio. Haz que se perciba lo suficientemente pequeño para que el elefante no se asuste. Una transformación enorme se digiere mejor al dividirse en pequeños cambios. No planees limpiar toda la casa, planea ordenar el clóset.
3. Motiva a tu equipo. Construye un sentido de identidad y fomenta una mentalidad de innovación, de renovación, alejada de las actitudes estáticas o monótonas.

> ### ¿Qué hago?
>
> Decidiré vivir desde el amor y el agradecimiento este tiempo. De ninguna forma nutriré emociones destructivas, aunque las viviré cuando corresponda y buscaré procesarlas con un experto o escribiendo un diario. Decidiré que ella siempre será la madre de mis hijos y buscaré respetarla y sentir agradecimiento siempre.
>
> Decidiré vivir un día a la vez, con una visión de futuro que me entusiasme. Buscaré todo lo que querría hacer si no tuviera obstáculos.
>
> Enseñaré a mis hijos fe y esperanza y, con mi ejemplo, les enseñaré que de todo podemos levantarnos más fortalecidos.

Cambia el sistema

¿Cómo podría hacer que las personas coman menos comida chatarra? Brian Wansink, de Cornell University, hizo un experimento en donde dos grupos de personas fueron invitados a ver una película y a permanecer unos minutos al final para conocer su opinión acerca de la venta de comida. Les ofrecieron palomitas de maíz gratuitas. Cada grupo recibió un recipiente de diferente tamaño. Las palomitas, a propósito, estaban rancias. ¿Quién comió más? Quienes recibieron más palomitas comieron 53% más. Mientras más grande el plato, más comemos. Si quiere comer menos, selecciona platos más pequeños.

El paso final en un proceso de cambio es alterar el sistema, ya que las situaciones cambian el comportamiento. Lo que incluye el importante paso de construir tu propia "manada", porque el comportamiento es contagioso. Rodéate de personas que tengan motivaciones y comportamientos similares a los que deseas lograr.

En resumen, podemos hacer cambios en cualquier área si recordamos apelar a lo racional (el jinete), hacer sentir a los demás (el elefante) y cambiar el sistema (entorno). ¿Qué cambios deseas hacer? El cambio es una constante, pero el crecimiento derivado del cambio es opcional.

> ¿Qué hago?
>
> Buscaré vivir con alguien más de mi familia para asegurarme de no estar solo en estos momentos tan vulnerables. Cambiaré el sistema. Me propondré restaurar lo perdido, creyendo que esta situación es temporal.
>
> Leeré solamente cosas constructivas. Me rodearé únicamente de personas que me ayuden positivamente en la vida que deseo tener con una familia integrada, alejado de conductas destructivas o desordenadas. Rendiré cuentas de mi vida a mi junta directiva personal. Me propondré ayudar a otras personas que están pasando por este dolor para transformar el sufrimiento en energía que edifique, no que destruya.

Catalyst

Justo al retomar los principios de este modelo y reflexionar sobre su situación personal, vino a la memoria de David una antigua experiencia en clase de química. Su profesor, a quien cariñosamente le decían "El Rústico", pues parecía resistir toda clase de ácidos y químicos al tocarlos, mostraba cómo los catalizadores eran elementos que aceleraban o desaceleraban exponencialmente el proceso de cambio. Si el efecto es negativo sería un inhibidor; si el efecto es positivo sería un catalizador. La presencia de estos elementos es notoria, pues aceleran todo. La temperatura, por ejemplo, es un poderoso catalizador. Cuando el agua se calienta, acelera el proceso de disolución del café o el del reblandecimiento de los espaguetis, o cuando el agua se enfría al extremo, acelera la cohesión molecular que la transforma en hielo.

Un cambio es una catálisis, un proceso de transformación en el que podríamos identificar tres elementos que se unirían en una mezcla indivisible para producir un resultado:
- **Visión:** El estado deseado, el resultado que se espera, a dónde se desea llegar a futuro.
- **Gente:** Los protagonistas, su círculo cercano y también quienes son impactados por el proceso y los resultados.
- **Método:** El proceso como tal. Sea planificado o aleatorio, el cambio siempre implica un proceso, un antes, durante y después que podría anticiparse para obtener mejores resultados o podría simplemente verse en retrospectiva como un evento del que tomamos conciencia cuando vemos los efectos que provocó, positivos o negativos.

A pesar de ser elementos determinantes:
- Muchas veces NO se tiene una visión definida.
- A veces NO se involucra activamente a las personas.
- Otras veces NO se sigue un método.

Sin embargo, planificar el cambio tomando en cuenta los tres elementos es lo ideal para obtener resultados que beneficien a todos.

Ahora bien, ¿por qué algunos procesos de cambio son tan dramáticamente diferentes en sus resultados finales? ¿Por qué un evento como el divorcio, por ejemplo, se vive tan diferente según cada persona? Justo por el elemento diferenciador: el catalizador.

Este diferenciador es intangible, subjetivo, pero absolutamente poderoso. ¡El catalizador es actitudinal! Es la certeza de que el proceso de cambio servirá para un mejor futuro, para alcanzar una mejor versión personal, individual, organizacional e institucional, según el caso. Como en el modelo de Haidt, el elefante, el factor emocional, el catalizador es la clave. Cuando en una empresa creen firmemente que este cambio los catapultará al futuro, cuando una persona vive un duelo con la certeza de que un día celebrará su salida del desierto, las decisiones y acciones son absolutas, con un ímpetu notorio.

Otra cuestión valiosa que David descubrió es que al enfocar el propósito del cambio en ayudar a otros, al proyectarse más allá de uno mismo, el catalizador multiplica su efecto. Recordó el caso de un matrimonio que le impactó. Tenían 30 años juntos y el evento que había fusionado su unión era la muerte de su único hijo. ¿Cómo podría una catástrofe semejante servir de catalizador? La diferencia fue que juntos decidieron fundar una asociación para ayudar a otros padres que han perdido a sus hijos. Ambos habían decidido transformar el dolor en algo útil. ¿Cuántas personas se habrían divorciado por la misma razón? El catalizador hacía toda la diferencia. Y así sucedería con David.

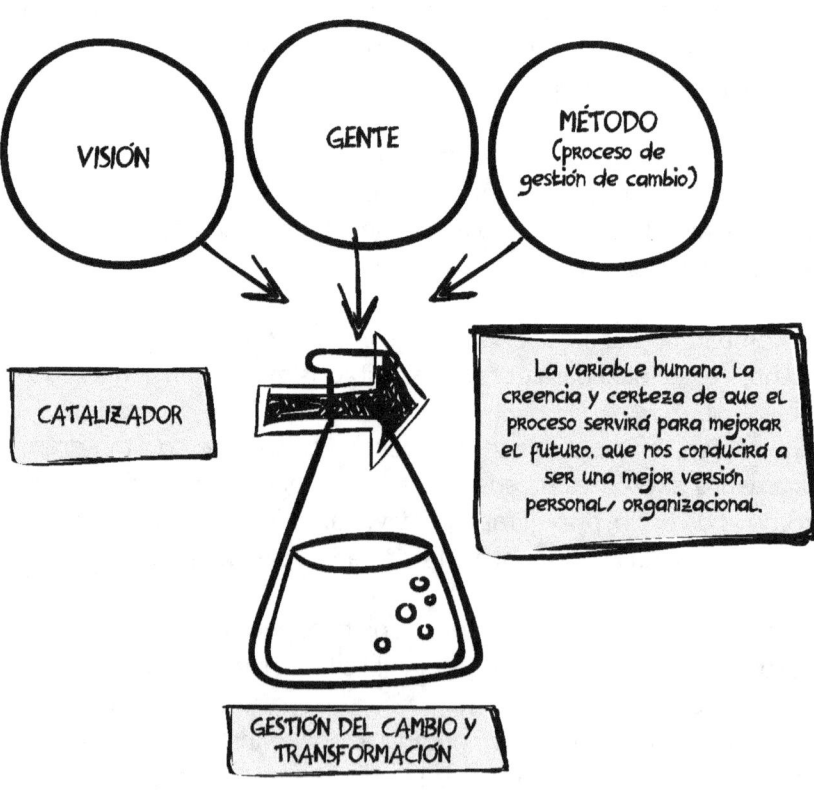

Las decisiones

David valoró como crucial el tiempo que invirtió en silencio y meditación en su proceso de cambio. Su retiro concluyó con un plan minucioso que surgió de una máxima que prometió asumir como fundamento para su vida:

Nunca tomes decisiones permanentes con emociones temporales.

Aprendió que definir el resultado del cambio debe ocurrir antes de empezar el proceso. Su decisión fue simple pero contundente: No sería víctima del cambio que enfrentaba. No se trataría de lo que "me hicieron" sino de lo que "yo puedo aprender", porque estaba determinado a que este cambio lo ayudaría para que surgiera lo mejor de sí mismo. Usaría el dolor para sus mayores propósitos. Cada lágrima sería el riego de una nueva siembra, una que ayudaría a millones de personas.

Trazó un plan que contemplaba trabajar dos años y medio por construir las condiciones ideales para una restauración familiar. "No me quedaré con la duda de haber luchado por las personas que más amo, mi esposa y mis hijos", concluyó. Sería un período destinado a fundar las bases de la vida que siempre quiso y la que sabía que haría feliz a la mujer que amaba. Al anotar todas sus ideas, sintió tranquilidad, paz y ese ánimo que lo caracterizaba. ¡El futuro lo entusiasmaba de nuevo!

Siempre se había descrito como alguien profundamente espiritual, pero poco religioso. Y su espiritualidad dio todos sus frutos en esta etapa. Con una absoluta confianza de estar alineado a la voluntad de Dios, empezó a actuar con la convicción de sus decisiones.

El plan maestro

> Solo cuando tengamos el coraje
> de enfrentar las cosas tal y como son
> sin ningún auto engaño ni desilusión,
> surgirá una luz de los acontecimientos
> con la que reconoceremos el camino al éxito.
> Tomado del Libro de I-Ching

Transformarse implicaba buscar sabiduría en múltiples maestros. David leía todo lo que podía para crecer y sus maestros se volvieron múltiples. Encontró un consejo valiosísimo en Mário de Andarde (Sao Paulo 1893 – 1945), poeta, novelista, ensayista y musicólogo, uno de los fundadores del modernismo brasileño. Lo anotó en sus diarios para nunca olvidar de qué se trataría esta segunda etapa de su vida:

Mi alma tiene prisa

Conté mis años y descubrí que tengo menos tiempo para vivir de aquí en adelante, que el que viví hasta ahora.

Me siento como aquel niño que ganó un paquete de dulces; los primeros los comió con agrado, pero, cuando percibió que quedaban pocos, comenzó a saborearlos profundamente.

Ya no tengo tiempo para reuniones interminables donde se discuten estatutos, normas, procedimientos y reglamentos internos, sabiendo que no se va a lograr nada.

Ya no tengo tiempo para soportar a personas absurdas que, a pesar de su edad cronológica, no han crecido.

Mi tiempo es escaso como para discutir títulos. Quiero la esencia, mi alma tiene prisa... Sin muchos dulces en el paquete...

Quiero vivir al lado de gente humana, muy humana. Que sepa reír de sus errores. Que no se envanezca, con sus triunfos.
Que no se considere electa antes de la hora. Que no huya de sus responsabilidades. Que defienda la dignidad humana. Y que desee tan solo andar del lado de la verdad y la honradez.

Lo esencial es lo que hace que la vida valga la pena.
Quiero rodearme de gente, que sepa tocar el corazón de las personas...
Gente a quien los golpes duros de la vida, le enseñaron a crecer con toques suaves en el alma.

Sí..., tengo prisa..., tengo prisa por vivir con la intensidad que solo la madurez puede dar.
Pretendo no desperdiciar parte alguna de los dulces que me quedan... Estoy seguro que serán más exquisitos que los que hasta ahora he comido.

Mi meta es llegar al final satisfecho y en paz con mis seres queridos y con mi conciencia.
Tenemos dos vidas y la segunda comienza cuando te das cuenta que solo tienes una...

David inició un viaje de introspección para conocerse como nunca antes. Compró y leyó casi un centenar de libros sobre relaciones humanas, se capacitó con los mejores maestros del mundo y experimentó todas las formas de terapia que pudo. Entrevistó a cientos de parejas exitosas en toda ciudad que visitaba y poco a poco se convirtió en un mejor aprendiz de ser humano.

Su formación como psicólogo comenzó a ser más relevante. Atendía a múltiples parejas e intervenía cuando le pedían ayuda. Había despertado aún más su pasión por la familia y por ayudar a otros. Su matrimonio había fracasado, cierto, y justo por eso, sus aprendizajes eran impactantes porque los había construido racionalmente a partir del manejo de las emociones más devastadoras: la culpa, la frustración y la decepción. Toda esa experiencia estaba al servicio de los demás.

El dolor seguía, pero tenía un paradójico efecto: le daba fuerzas para seguir. Su visión se nutría cuando las lágrimas regresaban. Escribía y escribía todo lo que podía. Escribir es un ejercicio sanador, catártico. En dos años, llenó unos diez cuadernos. Algunos de ellos estaban destinados a la destrucción: era allí donde procesaba sus emociones destructivas. El resto eran un recordatorio de este tiempo. Quería, algún día, narrar a sus hijos, con el mayor de los detalles, cómo había vivido este tiempo, el más retador de su vida. Deseaba construirles un futuro prometedor, incluso sobre los escombros de una realidad que pudo destruirlos, pero que los hizo resurgir fuertes y optimistas. El fracaso marca negativamente a muchos, pero a David le había dado autoridad y el temple para hablar abiertamente de los errores y cómo superarlos.

Lo que vivía era un duelo, cómo no, había muerto gran parte de él, de su vida y de los sueños de su familia.

5 etapas del duelo

- Negación
- Ira
- Negociación
- Depresión
- Aceptación

David vivió todas las etapas, muchas veces. Iba y venía como un péndulo. A veces parecía que iba avanzando y aseguraba sentirse mejor, pero algo desencadenaba un recuerdo y volvía al terrible punto de partida, cuando deseaba que todo fuera una pesadilla y rogaba por despertar al lado de su esposa para decirle: "Gracias a Dios que estás aquí, ¡te amo!"

Con un emprendimiento que dependía 100% de su ánimo, hacía todo lo que estuviera en sus manos para recuperarse y sentir paz. Escuchaba música, bailaba, escuchaba charlas motivacionales, oraba, escribía, ayudaba a otros, agendaba tiempo con sus hijos.

Entendió por qué en realidad el cerebro es triuno. Comprendió cómo lo racional es inmediato y lo emocional es en ondas. Hizo muchos diagramas que le permitían entenderse mejor.

El cerebro triuno

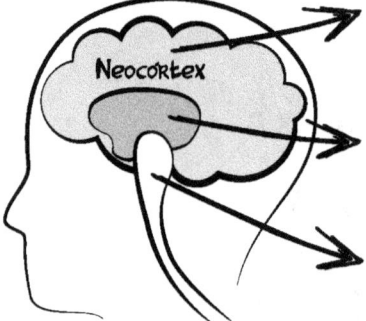

Durante los días grises de retroceso, se perdonaba así mismo y se decía: "Estás en un proceso de cambio. Es tu decisión si sales mejor o peor de esto. Si es temporal, tu familia te necesita bien; si es permanente tu familia te necesita bien".

Se sentía reconfortado cuando podía hacer algún acto que construyera su familia, aún si no recibía retroalimentación. Los pagos de manutención ocurrían un mes antes, buscaba proteger a su esposa en todo lo que pudiera necesitar y estaba pendiente de ellos. Aún cuando él mismo estaba viviendo precariedades, ellos eran siempre su prioridad.

Enseñó a sus hijos a amar a su mamá en todo momento. Juntos elegían regalos que llevaban para los cumpleaños, días festivos. Los tres hacían tarjetas, y veían en todo momento que las relaciones pueden cambiar de una forma, pero la esencia permanece.

Los días grises de retroceso, se perdonaba así mismo y se decía: "Estás en un proceso de cambio. Es tu decisión si sales mejor o peor de esto. Si es temporal, tu familia te necesita bien; si es permanente tu familia te necesita bien".

Le consolaba cuando podía hacer algún acto que construyera su familia, aún si no recibía retroalimentación. Los pagos de manutención ocurrían un mes antes, buscaba proteger a su esposa en todo lo que pudiera necesitar y estaba pendiente de ellos. Aún cuando él mismo estaba viviendo precariedades, ellos eran siempre su prioridad.

Enseñó a sus hijos a amar a su mamá en todo momento. Juntos elegían regalos que llevaban para los cumpleaños, días festivos. Los tres hacían tarjetas, y veían en todo momento que las relaciones pueden cambiar de una forma, pero la esencia permanece.

Su manada

David se sentía profundamente agradecido por la gente que Dios le había colocado en el camino. Amigos como Jonás, su compatriota que ahora vivía en otro país, con quien hablaba a diario de Dios y podía tener los más dolorosos y sinceros desahogos sin ser juzgado. También gente de su equipo como Masiel, con quien compartían el mismo dolor de haber vivido una reciente separación, por lo que podían chatear durante horas sobre la vida y los sentimientos tan fluctuantes que experimentaban. Fueron incontables las personas que se acercaron a ofrecerle consuelo. Todas, sin duda, habían sido maestros y maestras destinados a llegar, en un momento específico, a completar el rompecabezas que él mismo intentaba comprender.

Las personas que ahora integraban sus círculos cercanos le sumaban algo positivo a sus planes de largo plazo. Sus nuevos amigos eran líderes espirituales, los mejores terapeutas, parejas que modelaban lo que él deseaba vivir en el futuro, los padres que consideraba más conscientes y despiertos, hombres que tenían claro su rol como varones y líderes. Escuchar y aprender tanto positivo y constructivo estaba transformándolo sin que se diera cuenta de la magnitud del cambio. Sus acciones confundían hasta a sus amigos más cercanos. Estaba empezando a ser una nueva persona. Había cambiado las semillas de su siembra y su cosecha ya era diferente.

Qué te llena, qué te vacía

Hizo ejercicios muy exhaustivos en donde había definido qué lo llenaba y qué lo vaciaba. Estaba determinado a construir una vida por diseño, en donde equilibraría lo que "tenía" que hacer con lo que "debía" hacer.

Enumeró todas las fuentes de insatisfacción propias, de su esposa, de sus hijos, de sus colaboradores. Empezó a trazarse todos los cambios que estaba comprometido a hacer. Dividió por áreas su vida, como había aprendido a hacer en sus cursos.

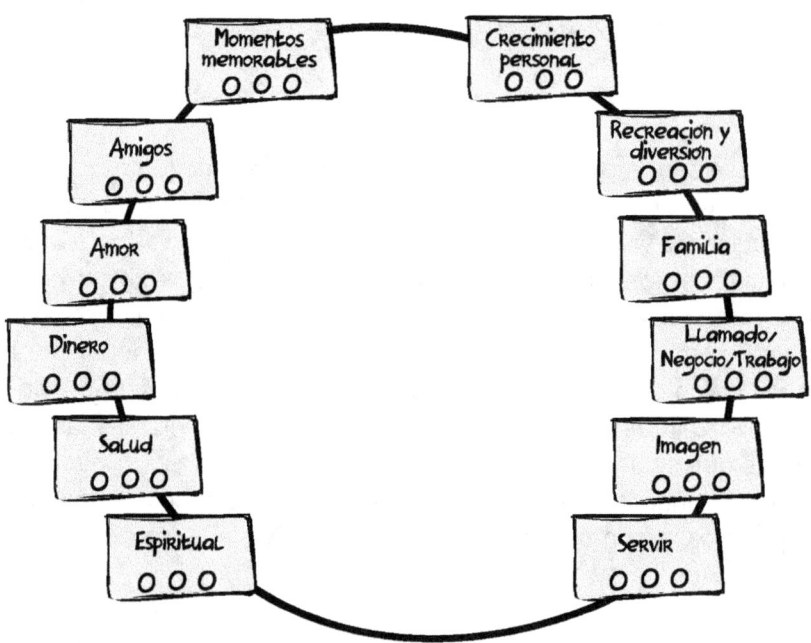

Decidió que equilibraría de mejor forma su vida en las áreas en donde se evaluaba más bajo. Trazó su propio cronograma con proyectos. Algunos eran personales, otros familiares, además de los profesionales.

A pesar de que su capacidad de soñar todavía no estaba completa, empezaba a tener claridad de cómo usaría este tiempo. Los meses pasaban y las cosas que había empezado a hacer daban cada vez más frutos. Era un padre más despierto y presente de lo que había sido y se sentía como un hombre que estaba aprendiendo a amar generosamente, pesando más en la otra persona. Se estaba preparando para vivir una travesía de cambio profunda, lo más humana posible.

Ser fiel

"No entiendo para qué estás haciendo estas cosas", le decían personas cercanas, incluso la madre de sus hijos. Pudo utilizar su nuevo tiempo libre para muchas cosas. Sin embargo, lo dedicó a él mismo, a sus amores y a su trabajo. En esos meses tuvieron más aventuras como padre e hijos que en los anteriores 11 años de matrimonio. En ese tiempo, experimentó con la empresa como nunca antes. Se sentía imparable, respaldado por su visión de restauración, aun cuando dormía en su única posesión material: una cama en la sala del departamento de su hermano, quien le había dado posada.

En este tiempo, David ratificó la importancia de tener claro quiénes son los consejeros y quiénes no. Valoró tener claridad en sus decisiones, aunque pocos lo entendían, sabía que algún día todo tendría sentido.

GIC

Tal como enseñaba, era el momento de involucrar a grupos de interés crítico (GIC). Se reuniría, luego de unos meses, con la mamá de sus hijos y padres de ella para notificarles sus grandes decisiones.

David había pasado dos meses dedicado a sintetizar sus pensamientos. Todo el proceso que había vivido durante esos primeros meses había sido revelador. Hizo un detallado análisis de todo lo que pudo haber hecho mal, de lo que haría para asegurar que no ocurriera más y planteó su visión de lo que podría ser una vida, y una familia restauradas. Le tomó 42 páginas escritas en tipo de letra Times New Roman 12 trasladar la carta que daría a su esposa. No quedaba nada fuera. Desnudaba su corazón, se ponía en la máxima posición de vulnerabilidad. No justificaba nada. Se hacía absolutamente responsable de lo que había hecho y dejado de hacer, justo como él enseñaba en sus talleres, explico un por qué, un cómo y un qué. Hablo con absoluta transparencia.

Lloró mucho al redactar esa carta. Fue revivir lo bueno y lo malo. Por un lado, valorar profundamente a su familia, a su compañera de vida y a sus hijos. Por otro, reconocer sus terribles errores y faltas, la arrogancia y el egoísmo que se había arraigado en los éxitos banales. Fue, sin embargo, un renacer. Enfrentar este proceso había sido un despertar. El dolor era muy profundo. Recordar ciertos eventos provocaba una sensación visceral, punzante. Perdía por momentos la respiración.

"Anhelo una oportunidad para hacer mejor lo que puedo hacer bien". Incluso cuando sabía que en toda relación es de dos y no había perfección en ambos, decidió tomar 100% la responsabilidad, pues sabía que solo desde esta postura podía controlar lo que tenía en sus manos: su propia transformación. No se victimizó. Asumió el compromiso de convertir ese momento en el tiempo crucial para pasar al siguiente nivel.

La carta fue desechada y tirada al piso ante sus atónitos ojos. Él seguía sin entender la situación, pero a la vez encontrarse en este momento le daba aún más fuerzas. "Es increíble la magnitud de lo que estoy viviendo", reflexionaba. "Sin duda hay un propósito". Convencido de que estaba inmerso en un intenso curso de relaciones humanas en la universidad de la vida, cada revés servía para tomar exhaustiva nota de los aprendizajes y replantear su curso de acción, sin dejar atrás la visión.

La reunión con la mamá de sus hijos no terminó como esperaba, pero no se desanimó. Luego, se reunió con los papás de ella y les comunicó sus decisiones. Pidió perdón por cualquier dolor que esta situación pudiera causarles, reconoció sus errores y ofreció enmendar lo que podía ser reparado. David los apreciaba genuinamente y los honraba como a sus padres. Ellos escucharon y no dijeron mucho. "Siempre le daremos la razón a nuestra hija", dijeron. David también era padre así que terminó la reunión con una promesa: "He aprendido que en la vida se comunica más con hechos que con palabras, así que con el tiempo ustedes evaluarán mis frutos".

Como en todo proceso de ruptura, empezó a experimentar el juicio de algunas personas que lo condenaban. Él era culpable y no tenía oportunidad de defenderse. Vivió el rechazo de gente que incluso le daba la espalda en la calle. En una sociedad en donde los casos más comunes son de abandono del padre o de divorcios en donde el esposo deja en bancarrota a su ex pareja e hijos o se desentiende para dedicarse a una franca vida de soltero, era disonante una historia en donde había un David muy despierto, consciente de su rol como padre, esposo, empresario y ser humano.

Vivió el cambio desde todas las perspectivas, los tabús propios de una sociedad machista, en donde los padres no podían integrarse al grupito de chat de mamás del colegio, o maestros a quienes tuvo que explicar y pedir, personalmente, que le dieran la información que solían compartir con la mamá de los niños. La etiqueta de un papá soltero tenía sus propias connotaciones y juicios sociales.

Detractores y promotores

David entendió la magnitud de la influencia de las personas en un proceso de cambio. Comprendió cómo se busca evitar la disonancia cognoscitiva, cómo buscamos ser coherentes con nuestras decisiones y solemos sustentar las decisiones tomadas a como dé lugar. Entendió que existen detractores del cambio, quienes no están de acuerdo y también existen promotores del cambio, quienes están a favor y de acuerdo.

De su lado, había sido categórico con familia y amigos: "Ella es la mamá de mis hijos y no quiero que absolutamente nadie le haga un desplante. Cualquier desprecio hacia ella es uno a mí directamente y apartaré de mi vida a cualquiera que no respete esto". Nunca se habló mal de ella en ninguna reunión familiar o de amistades y menos en presencia de sus hijos.

El proceso de reconstrucción que se había propuesto desterraba lo negativo de la situación y buscaba lo bueno en todo. Sabía que algún día, esa sería la clave para destilar prácticas del proceso que pudieran replicarse, que alguien más pudiera aprovechar.

Entendió, en su absoluta intencionalidad por nutrir lo positivo, la famosa leyenda cherokee que siempre le había parecido tan profunda:

> *Un hombre dijo a su nieto: "siento como si tuviera en el corazón dos lobos que se están peleando. Uno de ellos es violento, está siempre enojado y queriendo vengarse. El otro está repleto de perdón, compasión y amor".*
>
> *El niño le preguntó: "¿Cuál de los dos será el que gane la pelea y se quede en tu corazón?".*
> A lo que el abuelo le respondió: "El que yo alimente".

Su visión estaba plasmada en pictogramas (collages de imágenes) que había puesto en lugares visibles para él. Sabía que visualizar era necesario. Había comprado una caja fuerte en donde había guardado cada pieza del futuro que anhelaba. El orden que había establecido era tal que allí tenía desde seguros pagados y contratos funerarios (aunque desagradable, era necesario pensarlo) hasta escrituras de las nuevas empresas y un documento que establecía lo que algún día esperaba heredar a su familia. Si antes había improvisado las grandes decisiones de la vida, ahora eran absolutamente conscientes, intencionales. Esporádicamente, abrían la caja con sus hijos y celebraban los avances. "Dios ha sido bueno con nosotros", decían.

El entierro

Días antes de la fecha del juicio de divorcio, David envió su esposa, una nota por correo electrónico:

> Llegaré a ese juzgado a cumplir lo que te prometí. Te reitero, **NO QUIERO DIVORCIARME.** Te amo demasiado y amo demasiado a nuestra familia. Todo lo que hice, en la forma en que lo hice, sin pelear nada, sin colocar siquiera un abogado para defenderme, quedándome sin nada, sin tener ni siquiera una cama en donde dormir, es precisamente porque te amo y anhelo una reconciliación. Aceptar las consecuencias, entregar todo y velar por ti en todo momento como he tratado de hacerlo ahora es mi forma de reconocer que me equivoqué y aceptar las consecuencias, que espero sean temporales. Quiero que comprendas este punto, pues no espero que pienses que lo estoy haciendo todo tan "sin pelear" porque no me importes o porque esté deseando estar divorciado. He tratado de todas las formas posibles de que no lleguemos a ese día, pero he entendido que necesitas esto para pensar en algo a futuro. Así que, te cumpliré como lo he hecho hasta ahora en todo.
>
> No te fallaré con lo que firmé. Serás, como hasta ahora, mi prioridad y velaré porque lo sientas tangiblemente. Si te he cuidado hasta ahora a ti y a nuestros hijos no dejaré de hacerlo nunca.
>
> Velaré por nuestros pequeños. Cuidaré de su fe primero. Cuidaré de su relación con Dios y seré absolutamente consistente en eso. Sembraré tiempo de calidad con ellos, que este tiempo sea un recordatorio de cosas buenas (no malas). Seré intencional en mi paternidad. Cuidaré siempre de proteger su corazón y que amen siempre a su mamá y que vean mi amor por ti (sin generarles expectativas).
>
> Me prepararé para cada día ser un mejor hombre. Haré todo para ser un mejor esposo. Lucharé hasta el fin por ser un mejor padre. Me entregaré por completo a Dios para ser un mejor humano. Haré todo para ganarme tu respeto como persona, como pareja, como padre. Seguiré buscando la validación de Dios, no por lo que tú hagas o me retroalimentes. Espero que esa nueva semilla dé frutos a su tiempo.

Ella respondió: "Esto solo ratifica mi postura. Te veo en tribunales".

Llegar a la torre de tribunales de familia fue como recorrer uno de los anillos del infierno de Dante, gente llorando, niños esperando ser entrevistados por jueces, abogados con sonrisas maquiavélicas, personas celebrando la disolución de su matrimonio. Contrastes dramáticos de los estadios emocionales del ser humano.

David llegó con dos cafés: uno que era el favorito de su esposa y otro para la abogada de ella. Intercambiaron un saludo forzado y fueron invitados a pasar a la sala de audiencias.

Estar allí y ver a quien había sido su compañera de tantos años seria, decidida, sin ninguna señal de duda, lo impactó. Él no pudo contenerse y lloraba. La jueza preguntó: "Está usted seguro". Y él se limitó a contestar: "Hoy, no veo posibilidad de reconciliación". Lloró durante toda la audiencia y salió de la misma forma. La abogada de ella le dijo: "Todo va a estar bien y verá recompensada su actitud y conducta. No veo a menudo esta forma de proceder en los esposos".

David reflexionó sobre la similitud de este día con un funeral. El momento más triste es el entierro, pues significa hacer tangible la pérdida de un ser amado al que nunca se le volverá a ver. Así era ese momento en tribunales donde se enterraba un matrimonio de más de una década. El cambio, que podría haber sido temporal, era su nueva realidad. En un abrir y cerrar de ojos, era soltero de nuevo.

Nuevos paradigmas

Diversos estudios coinciden en que el cambio más difícil, más que la muerte o la enfermedad, es el matrimonio y/o el divorcio. El matrimonio implica una transición en todos los órdenes de la vida, vivienda, costumbres, rutinas, finanzas, etcétera, y en el divorcio, ¡también! La diferencia es una variable: la esperanza. En el caso del matrimonio, se tiene la esperanza de una mejor vida para ambos. En el divorcio, se pierde abruptamente la esperanza de bienestar.

Durante sus periodos de análisis, David llegó a la conclusión de que el divorcio era más difícil de superar que el duelo porque la persona que "se ha muerto" realmente está viva y podía aparecer en cualquier momento; así que la posibilidad no muere. En un divorcio sufres el duelo, sabiendo que la otra persona está allí, y te preguntarás: "¿Qué le cuesta dejar su postura y evitar todo este dolor?" Por lo tanto, la variable de que la situación pueda mejorar y todo se arregle siempre está presente, más aún si es tu anhelo. Ver a la otra persona provocará que el proceso de duelo inicie una y otra vez, por lo que cuesta sanar. Por lo tanto, parece que un divorcio tiene más ciclos. Los triggers o disparadores que generan emociones contradictorias son más frecuentes e inevitables.

A David, en ese tiempo de pérdida, le atormentaban preguntas sobre su identidad:

¿Será que no valgo la pena como pareja?
¿Será que en realidad soy una mala persona?
¿Podré volver a sentirme feliz?
¿Soy un fracaso?
¿Me amaron alguna vez?
¿Soy suficiente?

Durante su sesión de terapia, escuchaba al psiquiatra:

—Esto puede ser tu fracaso o tu éxito. Con un matrimonio y una ruptura tú, y nada más que tú, decidirás qué harás con esa oportunidad. Ambos eventos pueden destruirte o edificarte. En los dos casos serás confrontado a cuestionarte los dilemas más profundos de tu ser interior. Puedo garantizarte que pocas cosas en la vida te llevarán a estas profundidades. Vivirás dos realidades: la interna y la externa y ambas avanzarán a tiempos diferentes. Habrá días que sientas que son de 60 horas y que son interminables. Habrá días que sientes que la jornada apenas comienza. Por otro lado, las personas estarán observando detenidamente tu progreso o deterioro. Todos estarán pendientes de tu peso, de tu vestimenta, lo que publicas en redes sociales, del contenido de tus palabras y en general, de "cómo va la cosa". Tendrás que tomar la decisión más importante, escoger qué harás con la situación que vives. Puedes quedarte en el pasado, en el rencor, en el odio, en lo que perdiste, lo que "pudo ser" o escogerás perdonar, seguir y viajar con poco equipaje, expectante de que lo mejor está por venir.

—Entiendo, sé cuál es mi postura, pero es difícil...

—Usualmente, al enfrentar una pérdida, las personas manifiestan diversos sentimientos, a veces contradictorios. Ante una crisis de la magnitud de una ruptura, habrá personas que, como mecanismo de defensa, actuarán desde la escasez (lo que perdí, lo que pasó, lo que fue), o desde la abundancia (el agradecimiento por lo que tuve, por lo que tengo y por lo que vendrá). En el primer caso, desarrollar amargura, ira y tristeza es más probable que en el segundo. Como probó la psicóloga brasileña De Losada, los seres humanos necesitamos tres noticias buenas para contrarrestar una mala, así que guardar todo lo malo de la relación, culpando de las desgracias a la otra persona inhibe el crecimiento y provoca secuelas emocionales e incluso fisiológicas. En el segundo caso, actuar desde el agradecimiento permitirá evaluar objetivamente los aspectos positivos y negativos de la relación. Lo que creas, digas y hagas determinará tu futuro. En estos momentos puedes quedarte estancado en lo que ves (la devastación) o en la posibilidad de futuro.

—Debes comprender a lo que yo me dedico: a hablar en público todos los días. Mi trabajo es estar bien. ¿Cómo cree que me levanto todas las mañanas a hablar de éxito cuando yo mismo me siento derrotado? Sin embargo, pensaba en mi esposa y en mis hijos. Seguir adelante no era negociable. Podía dar una conferencia y recibir una ovación de pie y mi pensamiento era uno solo "anhelo a mi familia". Tomaba mis diarios, escribía mis desahogos y mis sueños. El año de mi divorcio hice 233 vuelos. El trabajo abundaba, pero debía organizarme para compartir con mis hijos y reconstruir lo perdido. El cansancio de tal vorágine que incluso provocaba que tomara vuelos privados para regresar a casa el fin de semana y llevar a mis hijos a la iglesia cobraba sentido cuando los escuchaba confesar tranquilamente: "Papi, todo esto pasará, vamos a estar bien".

—¿Sabías que un reloj Panerai Kampfschwimmer cuesta $1 millón de dólares y en las gamas más "accesibles", un Panerai Luminor 1950 Tourbillon GMT cuesta $127,000 dólares?

—¿Qué tiene que ver un reloj de lujo conmigo?

—Imagina que yo tomo el de $127,000 y lo regalo a una persona en la calle. ¿Qué me diría?

—Pues quizá "gracias", pero sin dimensionar el valor de lo que le has regalado.

—Exactamente. ¿Esto dice algo del reloj?

—No, el reloj sigue siendo valioso.

—¿Es mala la persona que no supo agradecer?

—No, de ninguna manera, el valor lo da quien recibe.

—¿Ves? A veces tú eres el Panerai. A veces es tu pareja. No sabemos valorar lo que tenemos. No dice nada del valor, ni de la persona, es el contexto y si estamos informados y alerta para ver la magnitud del obsequio.

David, poco a poco, iba mezclando los ingredientes de la fórmula de la transformación. Lo más importante era que estaba dominando el poder del catalizador: sus emociones, sus actitudes.

Una de las recomendaciones del terapeuta había sido no reprimir el dolor, al contrario, permitirse experimentarlo plenamente, llorar todo lo que fuera necesario, hablar, buscar consuelo. La negación era natural, pero debía superarse.

—Los procesos de cambio se tratan sobre manejar las emociones y la razón. El cerebro racional opera de inmediato, tomando una decisión sobre el cambio. Sin embargo, el cerebro emocional actúa en ondas, con tiempos más prolongados y con alta variabilidad. Habrá momentos de tristeza profunda en la mañana y de eufórica alegría por la tarde.

David entendía esto perfectamente. En su experiencia en organizaciones, los líderes solían minimizar la variable emocional. Él acostumbraba decir que la transición organizacional no siempre coincidía con la transición personal y que los tiempos, a veces, ocurrían a ritmos diferentes. "¿Cómo podría pasar de mi situación actual a la situación deseada?", meditaba.

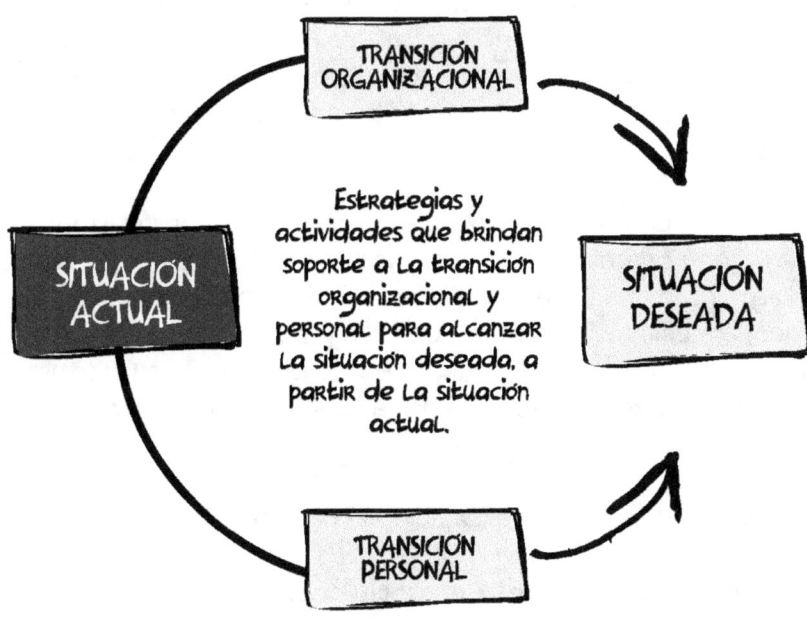

Hizo caso de las recomendaciones del terapeuta y vio una de las películas que más le han movido: "La vida es bella". Lloró y sintió con toda la magnitud el dolor que había recomendado el terapeuta. Sin embargo, lo más poderoso ocurrió al darse cuenta de una de sus misiones: guardar el corazón de sus hijos. Sería como Guido Orefice (Roberto Benigni), quien oculta la guerra de fuera, dentro de un campo de concentración para presentar una versión positiva que nunca olvidaría su hijo.

David se propuso que sus hijos recordaran este tiempo con fe, esperanza, amor y agradecimiento. "¿Qué aventura quieren hacer hoy con papi?", se volvió el lema de cada encuentro. A partir de la separación, exploraron, aprendieron, disfrutaron y rieron. "La vida es bella", decían a menudo.

Comunicar y empoderar

Cambiar una realidad tan dramática como la que vivía no era fácil. Su sueño de restauración en todos los aspectos chocaba con la devastadora visión actual: estaba solo, las deudas crecían pues debía hacer malabares para cubrir el colegio de los niños y la manutención pactada, que aumentaba 10% cada dos años, y era más de lo que un ejecutivo funcional de una multinacional podía ganar en un mes completo.

David sabía que tenía que moverse en dos ámbitos con igual rapidez: una visión poderosa y una acción masiva. Solo imaginar las cosas, sin acción, no haría que el sueño se realizara, pero la acción, sin una visión, era peligrosa y errática. Como había aprendido de su amigo de El Caribe, "la suerte es ciega. Tiene que encontrarte cuando estés moviéndote". Por ello, no solo debía soñar sino trabajar por construir lo soñado.

Él sabía que la resistencia al cambio se combate:

1. Eliminando las fuentes de insatisfacción.
2. Aportando una visión poderosa de cambio.
3. Dando pasos concretos de acción.

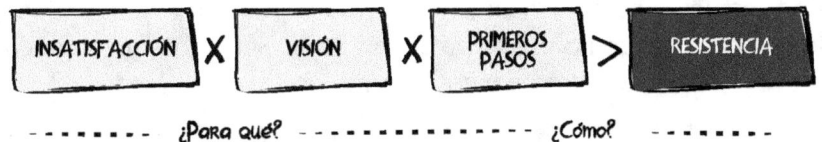

Se hacía preguntas:

¿Qué es lo que siempre he querido cambiar?
¿Qué es lo que nunca le ha gustado a mis hijos?
¿Cómo sería nuestra vida a futuro?
¿Cómo me gustaría celebrar que he pasado por este momento?
¿Qué acciones debo realizar para que se cumpla esto?
¿Qué debo hacer en los próximos 30 días?
¿Qué debo hacer en los próximos 60 días?
¿Qué debo hacer en los próximos seis meses?
¿Qué debe haber ocurrido en el próximo año?
¿Qué debe haber ocurrido en los próximos tres años?

Visualizar

Él y sus hijos empezaron a recolectar fotos de los mejores momentos actuales y de los que juntos esperaban vivir. Empezaron a soñar en cómo sería su casa, qué actividades divertidas harían allí y en las noches, oraban por sus anhelos. El pictograma que había pegado frente a su cama, en el baño y en todos los lugares visibles, incluyendo el fondo de pantalla de su computadora y sus cuadernos de diario, alimentaba sus fuerzas cuando sentía que no podía más. El cansancio de trabajar, desvelarse y viajar tanto a veces era difícil de soportar. Más de una vez se sorprendió durmiendo frente a la computadora.

David hizo visualizaciones aún más claras. Pedía a los vendedores de vehículos que le brindaran un *test drive* y que manejaran hasta donde él quería vivir con sus hijos. Pedía que le tomaran una foto y cuando el vendedor le preguntaba: "¿Estás listo para comprar?", él reía y respondía: "Por ahora no tengo ni para la gasolina, pero llegará el momento, confía en mí".

Cada esfuerzo parecía ir sumando. De hecho, su hijo le decía: "Papi, lo que haces es como una pieza de mis legos. Separadas no parecen mucho, pero juntas se ven increíbles".

La sabiduría de los niños era impresionante. La visión, que cada vez se fortalecía más, tenía los elementos de cambio, organizacional y personal:

Era inspiradora y orientaba hacia cómo ver la situación y cómo pensar sobre ella; a la vez, daba claras directrices de comportamiento. La acción tan fuerte que tomaba estaba alineada a sus aspiraciones más profundas. Sus hijos hablaban de sus sueños con la absoluta convicción de verlos realizados. Hablaban de su visión en presente, con la certeza de una realidad.

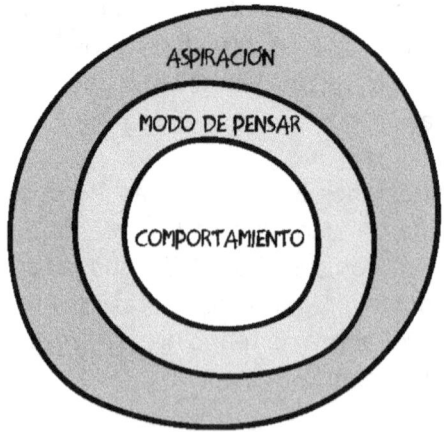

"Ojalá que le cumplas a tu hija", dijo en algún momento la mamá. "Ella se hace en una casa. Ojalá que a ella sí le cumplas su visión", sentenciaba. Él sabía que ella tenía razón de dudar porque no fue una vez que vivió una decepción, y lamentaba profundamente que ahora no pudiera vivir junto a él esa mejor versión de la que, de hecho, ella había sido parte vital.

David, desde niño, había elaborado sus planes y los pegaba en lugares visibles. Hacer pictogramas no era cosa nueva para él. Había trazado, con muchos años de anticipación, los grandes hitos de su vida. Solía pensar que todos llegaremos a cierto lugar en la vida, pero pocos llegaremos allí a propósito. Solía hablar a sus hijos de estos eventos y cómo se podía tener fe con acción.

En uno de los días especiales con su hijo mayor, habían visitado el departamento de biología de una universidad. Una de las pasiones de él, en ese momento, eran los insectos, por lo que verlos en vivo y hablar con científicos era fascinante. Sus ojos se abrían al contemplar todo lo que allí había. Fue tal su asombro que la encargada del laboratorio le dijo: "Tu curiosidad me encanta, te quiero regalar uno para tu colección", y le entregó un escarabajo cuidadosamente disecado dentro de una caja muy bonita. Él sonrió, le agradeció y caminaron hacia la salida. Ella los volvió a llamar y le dijo: "Sabes, te daré estos más para que colecciones". Finalmente, como si algo la moviera a obsequiarle en abundancia, regresó una tercera vez: "Quiero darte este insecto-rama que es único en el laboratorio". ¡Su hijo no cabía de la emoción! Cuando caminaban al auto, exclamó: "¡Esto es justo lo que había pedido a Dios, pero me dio más de lo que esperaba, como solo Él puede hacerlo!"

"¿Recuerdas, papi cuando hiciste una noche de cine en la casa y acampamos, pero iba a llover y le pedí mucho a Dios que parara la lluvia y lo hizo? Dios es todopoderoso papi", recordó. David lo escuchaba atónito. Su visión y su fe eran firmes, como la de todo niño. Él se encargaría de que su hijo no perdiera ese corazón que sueña, como tristemente le sucede a muchos cuando crecen.

Perdonarse

"No hay luz sin sombra, ni totalidad psíquica exenta de imperfecciones, para que sea redonda. La vida no exige que seamos perfectos si no completos, y para ello se necesita la espina en la carne, el sufrimiento de defectos sin los cuales no hay progreso ni ascenso".
Carl Jung

Uno de los cambios más fuertes que David tuvo que vivir fue perdonarse. En el pasado, había cometido muchos errores, había vivido de forma muy desordenada y sentía profunda vergüenza al reconocer que se había equivocado. Por momentos, quería evadir la realidad, pensar que nada había pasado, como si enterrando los hechos simplemente fueran a desaparecer. Sin embargo, algo o alguien le recordaban los acontecimientos que habían ocasionado su realidad actual.

Lo primero que hizo fue reconocerlo. Empezó a hablarlo. Empezó a decir, incluso públicamente, que era divorciado, así como las razones. Como si fuera una sentencia de muerte o una enfermedad contagiosa, había evadido decirlo abiertamente, pero al reconocer, sintió alivio. Sabía que debía perdonarse y entender por qué había llegado a ese punto.

Una de las frases que le impactaron vinieron de leer un rótulo en la clínica del terapeuta a quien metódicamente visitaba para procesar sus pensamientos y vivir el duelo:

"Uno no alcanza la iluminación fantaseando sobre la luz sino haciéndose consciente de la oscuridad".

Todos vivimos en un mundo de dualidades, luz y sombra. No podemos ir por la vida negando alguna parte de nosotros. David aprendió en este proceso lo poderoso de llevar luz a donde hay oscuridad. Por mucho tiempo, él había ocultado sus errores que parecían crecer y volverse más fuertes, como cuando el moho invade una habitación sin luz. Análogo a cuando el sol desvanece la humedad, así de liberador era sacar a luz los errores, para tener la oportunidad de enmendarlos.

David era como el personaje que había leído en la Biblia alguna vez. Intenso en todo. Apasionado, pero noble y fácilmente adaptable. Había vivido plenamente su matrimonio, ampliando los límites en todos los aspectos y desafiando lo convencional. Al final, logró liberarse de la mitad de la culpa y responsabilidad por el fracaso. Llegar a ese punto fue esperanzador. Entendió que ambos habían repetido los errores que habían jurado evitar. "No seré esa persona de mi familia", habían dicho muchas veces, pero la escalofriante realidad era que sí lo fueron. Juntos se habían vuelto su peor versión, al reforzar los temores más intensos del otro. ¿Cómo era posible?

Cuando pudo enfrentar su propia sombra, la oscuridad de su vida, pudo abrir su corazón a una esperanza renovada y una compasión hacia sí mismo como nunca antes. Lo más fascinante fue que descubrió que entre más oscura su sombra, más brillante era su luz.

Confesó los errores, pidió perdón, trató de resarcir. No había nada que pudiera atormentarlo. En ese momento, comprendió que las prisiones más poderosas son las internas, las que surgen de la negación y de ocultar secretos. En ese momento, fue libre.

Entendió que nos limita la negación de uno mismo y de lo que realmente deseamos ser. Los expertos aseguran que esta tendencia tiene origen en la infancia, por eso, es importante que los padres permitan a sus hijos ser lo que ellos desean. Coartar sus anhelos genera un bloqueo que nos impide aceptarnos, entonces, la persona termina construyendo e interpretando un personaje, a una edad muy temprana, frente a la sociedad, mientras en su interior, es alguien totalmente diferente.

Entonces, ¿cómo reconstruirnos como personas y ser felices en el intento? Para el terapeuta de David esto se consigue trabajando la autoestima y permitiéndonos ser nosotros mismos, explorando constantemente nuestro mundo interior con amor y sin recurrir a la autoflagelación, la crítica autodestructiva y la ira. Debemos aceptar el proceso de perdonarnos y entender que si hemos tomado malas decisiones, lo que queda es buscar soluciones y avanzar, porque siempre hay un propósito.

Ayudar

> "Ustedes, que son esclavos del yo,
> que le prestan servicio de sol a sombra,
> que viven en un miedo constante
> al nacimiento, vejez, enfermedad y muerte,
> reciban las buenas nuevas:
> su cruel amo no existe."
> Buda

Como si David se hubiera preparado toda su vida para estos momentos, empezó a usar todos sus talentos para ayudar a otros. Su formación como empresario, administrador, psicólogo y terapeuta le servían para ayudar en el proceso de transformación de organizaciones y familias, aunque irónicamente no habían sido suficientes para rescatar a la suya. Tomó varios casos cercanos y empezó a ayudar como podía. En algunos, directamente, si lo invitaban a hacerlo, y en otros, indirectamente, tras bambalinas, aportaba para resolver algunos de los problemas más apremiantes. Ayudó a pagar préstamos que atormentaban a las parejas, apoyó a conseguir empleo para uno de los cónyuges o para que alguna pareja disfrutara de un viaje donde tuvieran oportunidad para reconectarse. A veces funcionaba, aunque no siempre, por supuesto. Sembraba en todas las familias que podía y empezó a recibir testimonios.

"Luego de la llegada de tu nota, empecé a usar mis anillos esta semana. Sé que un día estaré leyendo tu libro, como una historia de éxito que ayudará a todos alrededor del mundo."

"Gracias por regalarnos la oportunidad de un nuevo inicio, que Dios haga su voluntad."

"Qué bendición el lugar, la atención y los detalles. Simplemente espectaculares. Nosotros de segunda luna de miel. Estoy feliz. Gracias por todo."

Siempre le había apasionado la familia. Desde niño, en sus diarios, escribía cartas a su esposa e hijos. Tener una familia era su anhelo más fuerte, y continuaba siéndolo, a pesar de todo o mejor dicho, en ese tiempo, más que nunca, descubrió que verdaderamente el dolor puede usarse para bien. Así que se prometió ser un catalizador de transiciones positivas.

Era imposible que negara su esencia que, sin duda, durante este proceso había sido probada. Él tenía mil defectos, era humano con muchas debilidades, dudas e inquietudes, pero había confirmado que uno de sus rasgos característicos era encontrar sentido a todo lo que vivía, y una de sus grandes conclusiones era que vivir un divorcio tan devastador tenía el propósito de ayudar a quienes enfrentaban un proceso similar. En cada interacción con la mamá de sus hijos veía una enorme oportunidad de aprendizaje y se prometía que cada momento difícil sería una prueba superada y una satisfacción para alguien más en el futuro, porque compartiría consejos prácticos con el mundo.

En diversas oportunidades, sus hijos escuchaban el saludo efusivo de personas con quienes se encontraban por algún lugar: "Gracias a tu papi estamos juntos." "Gracias, David, por lo que has hecho por nosotros". Él se sentía privilegiado de escuchar a sus hijos decirle: "Algún día, nosotros también haremos algo por familias, papi".

El paralelismo entre este cambio personal y cualquiera que pudo haber vivido en una empresa era impresionante. Todos los líderes organizacionales tenían la misma posibilidad de usar su influencia para inspirar a otros a desarrollar una mejor versión de sí mismos. Toda situación, por dura que fuera, tenía el mismo potencial positivo, tal como aprendió de un sabio mentor que le aconsejó: "Tu vida será mucho más trascendente cuando logres que tu mayor dolor se convierta en tu mayor propósito".

Pequeñas celebraciones

Una de las lecciones que David enseñaba en sus talleres de gestión del cambio era celebrar los avances, porque no solo es bueno festejar el día de la boda o del cumpleaños, sino también vale la pena hacer memorable el hecho de concluir una tarea que parece menor, terminar de leer un libro o finalmente andar en bicicleta sin las rueditas laterales. David hizo una minuciosa lista de todas las cosas que siempre había deseado hacer y otra de lo que deseaba hacer con sus hijos. Decidió vivirlas todas.

Cada fin de semana era la oportunidad para disfrutar una celebración con ellos. Cada día era la oportunidad de regalarse un momento para sentir la motivación que le ofrecían los avances. Mientras se nivelaba financieramente, pues las deudas de su pasado matrimonial seguían vigentes, se las ingeniaba para usar los puntos beneficio que otorgan las tarjetas de crédito, cupones o cualquier contacto que lo apoyara a vivir momentos memorables con sus hijos.

De esa forma, hicieron un tour por un famoso restaurante de hamburguesas y compraban ingredientes básicos para convertirse en importantes chefs que inventaban recetas exóticas en la cocina prestada del apartamento del tío. la creatividad no tenía límites cuando se trataba de divertirse. En ese tiempo de escasez económica, David aprendió que no necesitaba grandes lujos para hacer sentir amados y atendidos a sus hijos. Realmente disfrutaban del tiempo juntos, la vida era bella porque ellos decidían que así fuera, y pronto llegaría el tiempo de cumplir el sueño de viajes y mejores condiciones de vida.

—Papi, ahora estamos mejor contigo.
—Estamos en proceso de reconstrucción, mis amores, pero yo les prometo que siempre me tendrán con ustedes.

En efecto, aun cuando una parte de su vida estuviera replanteándose, ahora ellos tenían un padre conscientemente dedicado, intencionalmente deseoso de demostrarles cuánto los amaba y dispuesto a construir los mejores recuerdos. Él siempre había viajado mucho, así que la ausencia diaria no era tan dramática, cuando ya no vivió en casa. Por supuesto que siempre se percibe un cambio, pero ese estilo de vida jugó a favor, por lo menos en ese aspecto.

David "empacaba" cada momento con sus hijos como una aventura, una celebración, así como ya lo había explicado respecto a las pastillas que se elaboran con un recubrimiento para favorecer la deglución y liberación de los ingredientes activos que sanan. Lo que pudo ser un trago amargo, en manos de un papá frustrado, se convirtió en un proceso de crecimiento y sanidad que buscaba disminuir el dolor. Además, soñar siempre es un buen antídoto para superar las pesadillas. David y sus hijos era soñadores, y constantemente añadían más detalles a su pictograma. Visualizar lo que deseamos es un buen catalizador para obtener excelentes resultados de un proceso de cambio.

Dentista

Como si David fuera a enfrentar sistemáticamente sus miedos, se programaba cada 6 meses una revisión con el dentista. Muchos años habían pasado desde que iba con su vecino, quien le decía: "Como los hombrecitos, sin anestesia". Solo de recordarlo se le erizaba la piel. En esta oportunidad, atendía a su cita de rutina, para una limpieza y revisión.

—Te tengo dos noticias, una buena y una mala. La buena es que no tienes caries. La mala es que tengo que colocarte *brackets* y hacerte una serie de intervenciones para corregir tu mordida.
—¡Dios mío! Y ahora qué. ¿Cuáles son las alternativas?
—Bueno, hay dos alternativas, la fea y la horrible.
—¡No me lo digas con esa sonrisa macabra!
—Jajajaja, no, no. La alternativa fea es que uses *brackets* durante 2 años y te quite las cordales para hacer espacio en tu mordida. La horrible es que te corte la quijada y pases de 2 a 4 meses sin hablar o comer sólidos.

Con ese panorama, la opción a escoger era obvia. David pensaba en que algo tan simple como usar *brackets* ya implicaba un proceso de cambio. A pesar del cuidado que tuvo su dentista para explicarle las opciones, no le aclaró por qué debía hacer eso, hasta que él preguntó. Sin duda, comprendió lo importante que es explicar las razones de cualquier cambio. Además, este era uno que se veía bastante abstracto, es decir que él no veía la ganancia de corto plazo, así que le costaba tomar la decisión.

Esta transición era impuesta. No veía ningún problema con su mordida y no quería usar *brackets*, así que su resistencia fue infinita, pero lo hizo. Cuando los tuvo puestos, inició la tortura; pasó al menos un mes aprendiendo a hablar porque no era fácil dirigirse a una audiencia con la boca apretada y adolorida. Sus encías sangraban, la lengua y los carrillos se inflamaban con cada conferencia que daba. Se quejaba con su dentista: "Ya no aguanto más". ¡La cura era mucho peor que la enfermedad!

Lo mismo sucede con cualquier cambio. En las empresas, por ejemplo, muchas veces se desea implementar un sistema informático que facilitará procesos (la cura), pero hay resistencia porque nadie ve problema con el arcaico procedimiento que siempre han utilizado (la enfermedad) y que no representa un problema, aunque haya algo más eficiente.

A los 5 meses de usarlos, algunas personas empezaron a notar un cambio en la sonrisa de David. "Te veo bien, diferente", decían, sin saber que estaba cambiando la estructura misma de su rostro. Progresivamente, se iban viendo las ganancias de corto plazo, lo que hacía favorable la transición del cambio.

Realidad

Pero el tema de sus dientes no era el más importante. Poco a poco, para maravilla de David, de sus hijos y de quienes lo habían acompañado en el radical proceso de cambio personal, el pictograma que había preparado empezó a ser una realidad. Él ya manejaba el vehículo del *test drive*, vivía donde habían planeado con sus hijos, en el apartamento que luego sería su oficina y centro de inspiración; además, tenían una buena colección de recuerdos de sus aventuras juntos, incluyendo su viaje en el "barco de Mickey", el crucero Disney. Quedaba pendiente lo que ellos llamaban "su tierra prometida", la nueva casa que habían soñado y donde vivirían. Con ello, se completaba el proceso de restitución, lo que sería un excelente punto de partida para avanzar.

—Papi, ¿verdad que es bueno soñar?

—¡Claro que sí! Es más, debemos soñar en grande para asegurarnos de involucrar a Dios y a todas las personas que sea posible, porque nosotros solos, con nuestras fuerzas, podemos alcanzar los sueños pequeñitos.
—¡Sí! Yo sueño con bañarme viendo las estrellas porque en nuestra casa mi baño tendrá techo transparente— decía su hijo.
—Y yo sueño con una habitación enterita para llenarla de zapatos— aseguraba su princesa.
—Jajaja, esos sí que son sueños que requieren de la intervención de Dios. Pero nos pondremos en acción para lograrlos. Papi se esforzará para que así sea.
—¿Pero no basta solo con pedirlo?
—No, amorcito. Hay que visualizar y trabajar. Nuestra vida es un libro en blanco que solamente nosotros podemos convertir en una obra maestra.

David daba gracias por sus bendiciones, fruto de esfuerzos inimaginables y de la firme decisión de salir adelante. Las 2 nuevas empresas también estaban en proceso de ser una realidad. Una enfocada en tomar mejores decisiones de negocios y otra enfocada en la familia. Acompañado de los mejores mentores del mundo, se gozaba de saber que todo lo que había vivido valía la pena. "¡Cuántas familias podrán ahorrarse el dolor! ¡Cuántas empresas podrán crecer y dar empleo a muchos otros!", meditaba.

La casa nueva era quizá el símbolo más importante que David visualizaba en su proceso de reconstrucción. Era una de las metas más grandes y de largo plazo, además del lugar donde disfrutarían su futuro como familia. Sus hijos habían participado en el proceso. Desde el primer día, cuando conocieron el terreno y soñaron con la posibilidad de vivir allí, habían plasmado sus ideas en muchas notas y dibujos. Se habían tomado centenares de fotos, imaginando cómo sería todo.

David había visitado el lugar con la mamá de sus hijos, ya divorciados, para invitarla a vivir allí con ellos. "Nada nos impide restaurar nuestra familia. Todo lo estoy haciendo por nosotros", dijo. "Me siento en paz con mi nueva vida", afirmó ella, inmutable.

Cuando se firmó la promesa de compra, David había actuado en fe. Tenía la certeza de que su situación financiera mejoraría y lucharía por una meta compartida. Su visión de ese lugar era poderosa y lo impulsaba para cada viaje, cada proyecto, cada trabajo.

Cuando inició el diseño, entrevistó a sus hijos para saber sus anhelos. Los arquitectos tenían que ingeniárselas para agregar las exigencias de sus pequeños clientes. Los tres aprobaron los planos e imaginaron. "Jugaremos acá con nuestro perro, veremos una película acá, haremos una fiesta acá", decían. Todo, hasta la cocina, fue pensado para compartir como familia. "Esta casa resume todo lo que he aprendido sobre la vida familiar", solía decir David a los constructores que se entusiasmaban con el proyecto. Hasta los albañiles llamaba a la casa "la tierra prometida" pues habían escuchado a David hablarles de sus sueños. Sus hijos llegaban periódicamente a supervisar y contribuían con pequeños detalles como martillar algún clavo o apretar alguna pieza.

—Esta casa se está haciendo con amor— decía sonriendo el supervisor de la obra. —Nos gozamos con usted, don David.

—Gracias por el cariño que le ponen para construir este sueño.

Todo fue escogido con los niños. Las camas, las lámparas, la decoración de cada habitación. Cuando ellos la enseñaban decían: "Vengan a ver nuestra casa". La ilusión crecía y era como si fuera el premio por haber superado un largo período de desierto.

Había cultivado el amor y nunca el odio. Se sentía pleno y agradecido por el proceso. Sin duda, haber llamado a aquel lugar "la tierra prometida" era certero. Representaba una nueva etapa, donde la transición personal se combinaba con la transición familiar.

Durante una de las veladas juntos, a la luz de la luna, David explicaba a sus hijos, con un libro de hermosos dibujos, los pasos de gestión de cambio que habían vivido:

<u>Crear sentido de urgencia</u> - El divorcio implicaba un cambio dramático que forzaba a tomar decisiones de fondo en todas las áreas de su vida. No tenía tiempo para quedarse quieto. Lo había perdido todo.

<u>Formar una coalición</u> - Se había rodeado de buenas influencias, de personas que creían en la familia, que le enseñarían principios positivos y le permitirían actuar desde el amor. Había informado a todas las personas cercanas de su decisión y haría todo para privilegiar la restauración.

<u>Crear visión para el cambio</u> - Había diseñado, junto a sus hijos, una visión clara de cómo sería el futuro en todas las áreas. Tenían claro cómo vivirían su espiritualidad, su tiempo juntos, lo que harían para desarrollo personal y todos los tangibles que incluirían cómo vivirían.

<u>Comunicar la visión</u> - La visión era conocida por todos los allegados a David. Existían pictogramas en todas las áreas relevantes de él y sus hijos. Podían verlos a diario.

<u>Eliminar los obstáculos</u> - Las incomodidades que implicaba ese proceso tan disruptivo fueron eliminadas lo antes posible. El plan de cambio de David incluyó enumerar todos los dolores que habían enfrentado y los que enfrentarían. Fue erradicando metódicamente cada uno, desde los más simples a los más complejos.

<u>Asegurarse triunfos a corto plazo</u> - Las celebraciones de avance eran frecuentes. Todos los días eran una aventura y David era muy intencional en amar a sus hijos en sus lenguajes de amor específicos. Lo que antes había sido motivo de queja de su pareja y sus hijos, era un fruto concreto de cambio.

<u>Construir sobre el cambio</u> - Cada avance se sustentaba en otra meta más grande. Los cambios eran sinérgicos entre sí, conectados. Ya no eran un evento, eran un proceso, intencional.

<u>Anclar el cambio en la cultura</u> - Las tradiciones familiares cambiaron por completo, para sustentar la nueva visión de futuro.

Justo cuando celebraba los frutos de más de 2 años de trabajar con una visión clara de restauración personal y familiar, recibió una invitación del Sr. Moss para participar en un nuevo proceso de reestructuración en su empresa. Podría regresar a esa institución que apreciaba tanto con nuevos conocimientos y una poderosa vivencia de transformación personal. Una mejor versión de David visitaría a las queridas personas que tenía tiempo de no ver. ¡Estaba entusiasmado!

Reestructuración

Regresar a la empresa en El Caribe, luego de esos 2 años, fue agridulce. Su catálisis personal había comenzado cuando salió de allí, eufórico por el éxito obtenido, sin saber que enfrentaría la devastación. Ahora, viviendo una realidad totalmente nueva, se encontraba con la gente y le agradaba ver que lo recibían con cariño y admiración, listos para iniciar una nueva etapa.

Durante la primera reunión, una de las personas, se le acercó con gesto de complicidad.

—Estoy aplicando lo que nos enseñaste sobre hacer fácil lo que deseamos ver y lograr, y hacer difícil lo que no deseamos ver o lograr. Tal como nos explicaste con el ejemplo de la banda Van Halen que pedía algo tan excéntrico como un tazón con M&M's que no tuviera los dulces de color marrón, solo para ver si los organizadores eran tan detallistas como para satisfacer dicha solicitud.
—Jajajaja, claro que era un pequeño truco porque David Lee Roth, el líder de la banda, pensaba que si tenían ese cuidado, era más probable que hubieran sido minuciosos para tomar en cuenta cada pequeño detalle del complejo montaje técnico. Era más fácil revisar un tazón de dulces que una monumental instalación.
—¡Sí, muy astuto! Nosotros ahora aplicamos ese principio en administración. Estamos haciendo fácil de comprobar lo que deseamos ver como el orden y la comunicación asertiva. Simplificamos los procesos de reportes para que sean amigables. Estamos eliminando los M&M's marrones.

—¡Perfecto! ¿Sabes? Yo también lo aplico a mi vida diaria. Sé que debo cambiar mis hábitos alimenticios. Así que tengo en casa solo comida saludable. Me hago fácil comer una manzana y súper difícil pedir una pizza. Elimino mis M&M's marrones y provoco que sea más fácil para mí repetir patrones de conducta positivos. Enfocar mi atención en eso me ha ayudado en procesos de cambio.

Luego, durante uno de los recesos, mientras tomaban una gaseosa, conversó con otra colaboradora a quien recordaba con aprecio por su asertividad y sentido del humor.

—Es impresionante cómo nuestra perspectiva sobre la vida cambia todo. Yo también acabo de enfrentar un cambio drástico en mi vida y me di cuenta de que el cantante tiene razón cuando dice que somos como ríos, donde cada instante es nueva el agua. Si nos aferramos, si nos estancamos, nos convertimos en pozas sin vida, pero si fluimos, seremos siempre como agua fresca. Incluso tiene sentido desde la química porque el movimiento favorece la oxigenación tan importante para la vida. ¿No te parece?
—Tienes toda la razón. Ahora que entremos me gustaría que compartas ese pensamiento con tus compañeros.
—También he tenido la oportunidad de reflexionar sobre la historia de Buda y ver que la vida en realidad es simple, llena de múltiples cambios. Sabemos que él era un príncipe y que sus padres decidieron confinarlo en el palacio para evitarle sufrimientos. Pero cuando se escabulló y vio el mundo tal como era, decidió cambiar radicalmente.

La historia cuenta que vio cuatro cosas: un anciano, un enfermo, un muerto y un renunciante. Al saber que las primeras tres no eran visiones extrañas sino el destino inevitable de todos los seres humanos, Siddartha, es decir Buda, se conmovió profundamente. A los treinta años, decidió renunciar al lujo de la vida de palacio para encontrar la respuesta al problema del dolor y del sufrimiento humano. Se acercó a su esposa y a su hijo que estaban dormidos y se despidió de ellos en silencio. Sabemos que luego, ellos se convirtieron en sus discípulos.

—¡Wow! Cierto. Sabes que no había reparado en la historia de Buda, y te agradezco que me la recuerdes. Si hacemos un poco de historia, primero practicó el ascetismo, pero pronto llegó a la conclusión de que ese tipo de existencia no conducía a la paz y a la autorrealización, sino que simplemente debilitaba la mente y el cuerpo. De aquí proviene otro de los puntos centrales de las enseñanzas del budismo: el sendero medio. De su experiencia en el palacio y en los bosques, Buda concluyó que el camino no está ni en el extremo de los placeres sensuales ni en el de las austeridades y las penitencias. Al final, la vida no es tan complicada, pero debemos encontrar el equilibrio frente a los constantes cambios. Los grandes líderes de la historia se han dado cuenta de que manejar las transiciones es la clave para lograr una vida relevante.

38 años

David hacía su vuelo número 286 del año. Su hijo mayor le había dicho el día anterior en su usual llamada diaria por Skype: "Papi, ¿Cómo haces para estar tanto con nosotros?" No sabía que, si era necesario, llegaba a su país de origen y regresaba el mismo día al país donde estuviera trabajando, solo por estar con ellos. David los había acostumbrado a recibir pequeños detalles; le encantaba sorprenderlos, hacerlos sentir especiales y para lograrlo le pedía a familiares o amigos que fueran sus cómplices para llevarles algo a casa o al colegio.

Justo eso, tomar los vuelos que fueran necesarios, era lo que planeaba hacer para celebrar con ellos su cumpleaños número 38. Y la fecha era doblemente importante porque David se había propuesto darles un regalo súper especial, su tierra prometida, esa casa en donde harían realidad muchos de sus sueños. Se sentía eufórico, daba gracias a Dios porque tenía la oportunidad de cumplir ese plan. Sabía que su credibilidad frente a muchas personas no era la mejor porque antes, con la mejor intención, prometía lo que después era difícil cumplir. Uno de sus cambios fue aprender a diferenciar el optimismo de la sensatez. Así que la idea de ver a su pequeña hija a los ojos y decirle: "Papi ha cumplido su promesa, esta es tu nueva casa", lo emocionaba hasta las lágrimas.

Se preparaba otros dos regalos de cumpleaños. Contaría su historia de cambio personal y algunas de las historias que había acompañado a lo largo de años asesorando compañías. Además, lanzaría sus nuevas empresas enfocadas en ayudar a otros en sus procesos de cambio organizacional y personal. Dios era bueno, le daba nuevas oportunidades y él no las desperdiciaría.

¡La visión de haber pasado ese desierto era poderosa! Deseaba, como lo había plasmado al principio, sentirse orgulloso del tiempo de prueba y que pudiera pasar el escrutinio del tiempo. Algún día, sus hijos le preguntarían cómo había vivido sus cambios, y quería hacerlos sentir orgullosos.

David sabía que, al crecer, ellos probablemente no recordarían detalles de todo el trayecto que vivieron, por eso lo estaba documentando de la forma más transparente que podía. Dejar este testimonio era parte del legado que les preparaba.

Epílogo

2 años después de lo que él llamaba su sismo personal, David realmente se había convertido en una mejor versión de sí mismo. Era mejor empresario, asesor, padre, hijo y esposo, aunque continuaba soltero. Había aprendido del dolor y de la soledad. Sus momentos de llanto y también los de celebración habían aportado mucho en su reestructuración personal. Con un profundo sentimiento de agradecimiento, solía decir en sus entrenamientos: "Este tiempo ha valido la pena".

Si bien no había mejorado la relación con la madre de sus hijos o con la familia de ella, David estaba convencido de que es mejor sembrar amor que división. Cada uno haría realidad la visión que anhelaba. Él estaba absolutamente convencido de que su propósito era inspirar a otros y eso es lo que haría. Este proceso le había recordado, una vez más, lo determinante que es la familia y también que hay muchos estilos de familias, todos valiosos.

Esperando a que despegara el avión que lo llevaría al evento de lanzamiento de su libro, sonrió mientras leía en la revista frente sus ojos, una frase que Taylor Swift había popularizado: "La vida no es esperar a que pase la tormenta, es aprender a bailar bajo la lluvia". Luego, recibió un mensaje de quien consideraba su mejor amigo: "Sin duda esto es para ti", seguido de un impresionante texto de Jorge Luis Borges:

"De tanto perder aprendí a ganar;
de tanto llorar se me dibujó la sonrisa que tengo.
Conozco tanto el piso que sólo miro el cielo.
Toqué tantas veces fondo que, cada vez que bajo,
ya sé que mañana subiré.
Me asombro tanto de cómo es el ser humano,
que aprendí a ser yo mismo.
Tuve que sentir la soledad para aprender a estar conmigo mismo
y saber que soy buena compañía.

Intenté ayudar tantas veces a los demás,
que aprendí a que me pidieran ayuda.
Traté siempre que todo fuese perfecto y comprendí que realmente
todo es tan imperfecto como debe ser (incluyéndome).
Hago solo lo que debo, de la mejor forma que puedo y los demás
que hagan lo que quieran.
Vi tantos perros correr sin sentido, que aprendí a ser tortuga y
apreciar el recorrido.
Aprendí que en esta vida nada es seguro,
solo la muerte… por eso disfruto el momento y lo que tengo.

Aprendí que nadie me pertenece,
y aprendí que estarán conmigo el tiempo que quieran y deban
estar, y quien realmente está interesado en mí,
me lo hará saber a cada momento y contra lo que sea.

Que la verdadera amistad si existe, pero no es fácil encontrarla.
Que quien te ama te lo demostrará siempre
sin necesidad de que se lo pidas.
Que ser fiel no es una obligación sino un verdadero placer
cuando el amor es el dueño de ti.

Eso es vivir... La vida es bella con su ir y venir,
con sus sabores y sin sabores...
aprendí a vivir y disfrutar cada detalle,
aprendí de los errores, pero no vivo pensando en ellos,
pues siempre suelen ser un recuerdo amargo
que te impide seguir adelante,
pues, hay errores irremediables.
Las heridas fuertes nunca se borran de tu corazón,
pero siempre hay alguien realmente dispuesto a sanarlas con la ayuda de Dios.

Camina de la mano de Dios, todo mejora siempre.
Y no te esfuerces demasiado que las mejores cosas de la vida
suceden cuando menos te las esperas.
No las busques, ellas te buscan.
Lo mejor está por venir".

David estaba viviendo su época más satisfactoria. Su transición había sido un catalizador de su mejor versión. Gozaba del fruto de su proceso de cambio. Se sentía en paz y gozando de una plenitud que apenas comenzaba, como si le dijera a Borges que estaba profundamente de acuerdo con sus palabras: "lo mejor está por venir".

www.ingramcontent.com/pod-product-compliance
Lightning Source LLC
Chambersburg PA
CBHW071505220526
45472CB00003B/917